친절한 글쓰기

이효인 · 한희수 · 장정렬 · 이영환

친절한 글쓰기

초판 1쇄 발행 2019년 3월 12일
초판 2쇄 발행 2021년 3월 18일

지 은 이 이효인 · 한희수 · 장정렬 · 이영환
펴 낸 이 박찬익
편 집 장 한병순
책임편집 디자인마루

펴 낸 곳 (주)박이정
주   소 경기도 하남시 조정대로45 미사센텀비즈 7층 F749호
전   화 (031)792-1193, 1195
팩   스 (02)928-4683
홈페이지 www.pjbook.com
이 메 일 pijbook@naver.com
등   록 2014년 8월 22일 제2020-000029호

I S B N 979-11-5848-434-7 03710

* 책값은 뒤표지에 있습니다

친절한
글쓰기

이효인·한희수·장정렬·이영환

(주)박이정

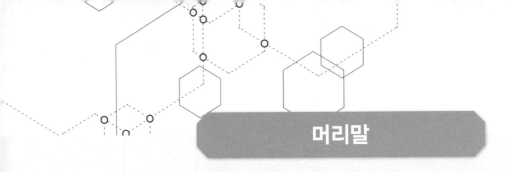

머리말

글쓰기가 필요하다는 말에 이의를 제기하는 사람은 없다. 예전 신문에서 하버드 졸업생을 대상으로 한 설문조사에서 90%가 넘는 응답자가 자신이 하고 있는 일 중 가장 중요한 것으로 글쓰기를 꼽았다는 기사를 본 적이 있다. 하지만 정작 글쓰기가 재미있다고 말하는 사람은 없다. 그래서 사람들은 글쓰기를 필요하지만 재미없는 교과목 정도로 치부한다.

교실에서 만나는 학생들도 그런 것 같다. 글쓰기가 얼마나 유용한 능력이며 왜 필요한지에 대해 설명하고 나면 모두들 글쓰기를 열심히 연습하겠다고 다짐하지만 정작 학기가 끝날 때까지 그 마음을 유지하는 학생들은 소수인 것 같다. 필요하다니, 필요한 것 같으니 글쓰기를 좀 익혀야겠다고 생각했다가도 정작 진득하게 매진하지 못하는 것 같다. 유명한 여행 저술가 한비야 씨는 글쓰기를 이렇게 비유한 적이 있다. "글쓰기는 커다란 철공(쇠구슬)을 갈아 바늘을 만드는 과정이다. 지칠 정도로 더디지만 애를 쓰는 만큼 반드시 좋아진다."고 말한 그녀의 비유는 매우 적절하다. 사람마다 다를 수는 있겠으나 처음부터 글쓰기를 잘하는 방법은 없다. 우리가 주변에서 만나는 글쓰기를 잘하는 사람들은 모두 끊임없는 노력의 결과로 글쓰기 실력이 발전한 것이 대부분이다.

그러나 우리에게 필요한 글쓰기 능력이란 기나긴 수도의 과정을 거쳐야만 얻을 수 있는 결과가 아니다. 우리에게 필요한 글쓰기 능력이란 자신의 생각을 상대방에게 충분하고 정확하게 전달할 수 있는 정도이다. 이 정도의 능력은 자전거를 타거나 수영을 하는 것과 같이 특별한 재능도 지난(至難)한 노력이 필요한 것이 아니다. 훈련을 하고 연습의 과정을 거친다면 누구나 얻을 수 있는 능력이어서 중도에 포기할 이유가 없다.

자신의 생각을 상대방에게 충분하고 정확하게 전달하기 위해서는 먼저 자신의 생각을 논리적이고 명확하게 정리할 수 있어야 한다. 그리고 사회가 요구하는 방식으로 형식에 맞추어 표현해야 한다. 이 교재는 이와 같은 목적을 달성하는 데 도움이 되도록 구성하였다.

2장 '글쓰기의 과정과 절차'에서는 글을 구상하고 계획하며 글의 내용을 구체적으로 구성하는 방법을 익히고 3장 '글쓰기 연습'에서는 개요를 작성하고, 내용을 조직하는 연습과정을 거치도록 하였다. 그리하여 상대방에게 전달하고자 하는 자신의 생각을 명확하게 하고 이를 논리적으로 구성하는 연습을 하도록 하였다.

4장부터 9장까지는 실용적인 글쓰기를 연습하는 장이다. 내용을 잘 전달하기 위해서는 이에 걸맞은 형식도 존재한다. 일상생활에서 우리가 자주 접하는 리포트와 같은 학술 보고서, 자기소개서, 비평문, 기획서 등과 같이 실제 생활에서 필요한 글쓰기의 장르를 연습하고 익힘으로써 글의 목적에 맞는 표현 방식을 연습하도록 하였다.

마지막으로 10장에서는 우리가 자주 혼동하는 한글 맞춤법을 간략하게 소개하고 그 원인을 설명함으로써 맞춤법에 대해 다시 생각해보는 연습을 하도록 하였다.

이 교재는 학습자들이 계단을 오르듯 글을 쓰는 과정과 절차를 단계별로 경험할 수 있도록 구성하고자 노력하였다. 글쓰기가 어려운 가장 큰 이유는 글을 어떻게 써야 할 것인지에 대한 아무런 계획이 없기 때문이다. 글쓰기를 어려워하는 사람들에게 글쓰기의 과정을 경험하게 함으로써 평상시 글을 쓰는 일에 익숙하지 않은 사람들이 갖는 글쓰기에 대한 두려움을 이 교재를 난간 삼아 극복할 수 있기를 기대한다.

2019년 2월
저자를 대표하여 이효인 씀.

목 차

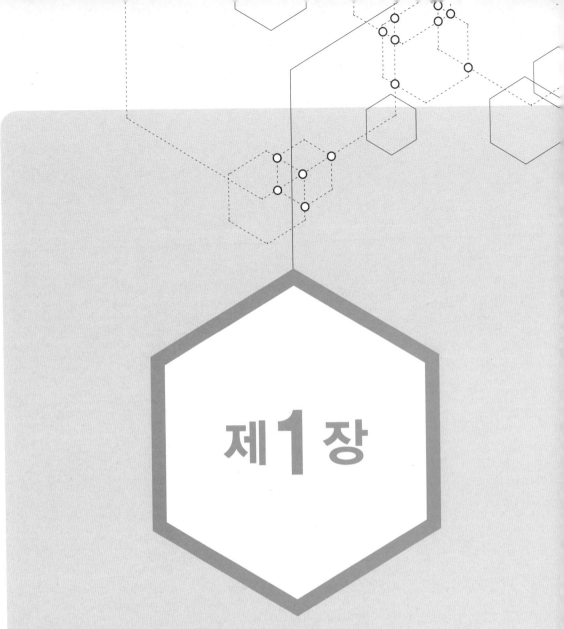

제**1**장

왜 글쓰기인가?

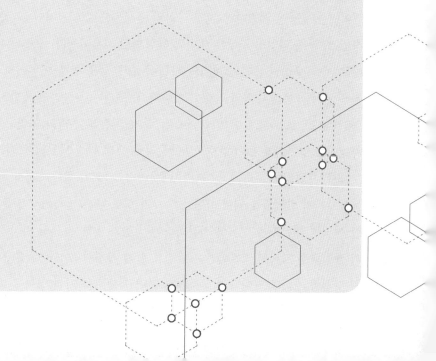

제1장 왜 글쓰기인가?

우리는 일상생활에서 대부분 말이라는 음성 언어를 통해 의사소통을 한다. 그리고 음성 언어의 단점을 극복하기 위해 발명된 것이 문자이다. 언어의 본질이 음성이라는 것은 말은 있어도 문자가 없는 언어가 많다는 사실에서도 충분히 짐작할 수 있다. 그럼에도 문자를 습득하고 문자를 이용해 의사소통을 하는 능력은 오래전부터 특별한 능력으로 대접받아 왔다. 과거 문자를 이해하고 사용할 수 있는 능력은 계층을 구분하고 계층의 권력을 강화하는 수단이었던 적도 있었다. 우리나라에서도 한자를 사용할 수 있는 소수가 지배계층으로 군림하였으며, 유럽에서도 라틴어 사용 능력은 그 사람이 지배 계층임을 증명하는 수단이자 특권이었다.

듣고 말하고, 읽고 쓰는 의사소통 방법 중 우리가 쓰기를 통해 의사소통을 하는 비율은 약 9% 내외 정도일 뿐이다. 또한 과학기술의 획기적인 발달로 오늘날은 과거처럼 시간과 공간의 제약을 극복하기 위해 굳이 문자를 활용해야 하는 필요성도 감소하였다. 음성통화는 물론 영상통화를 통해 공간과 시간을 극복할 수도 있으며, 휴대폰의 인공지공을 활용해 음성을 문자로 변환, 저장할 수도 있게 되어 문자를 쓰는 행위 자체가 없어진 것처럼 보이기도 한다. 그럼에도 불구하고 아직도 글쓰기는 우리에게 필요한 중요한 기술 중 하나이며 그 중요성은 오히려 더 증가하였다.

글쓰기의 중요성이 높아진 이유로는 크게 세 가지를 들 수 있다. 첫째, 사회가 다원화되었기 때문이다. 비교적 단순하고 절대적인 가치가 지배하던 과거에 비해 현대 사회로 접어들면서 사회가 민주적으로 변화함에 따라 스스로의 가치관을 존중받고자 하는 의식이 높아졌다. 이로 인해 서로 다른 가치를 추구하는 사람들 간의 충돌이 일어나 갈등이 발생하게 되었다.

이러한 갈등을 해결하기 위해 사회의 구성원으로서 지켜야 할 공적 영역을 구성할 필요성이 증가하였고, 공적 영역의 구성은 대화와 타협으로 이루어진다. 오늘날 우리에게 글쓰기가 중요한 이유는 바로 사회 구성원들 간의 대화와 타협이 주로 글을 통해 이루어지기 때문이다. 간단한 문제는 서로 음성 언어를 통해 대화와 타협이 가능하다. 그러나 복잡하고 복합적인 문제를 해결하기 위해서는 음성 언어만으로는 한계가 있다. 우리는 문자를 통해 우리의 머릿속에 존재하는 의미 구조를 보다 구체적이고 명확하게 표현할 수 있고, 문자를 통해 더욱 명료하게 이해할 수 있다.

둘째, 지식의 세분화가 일어났기 때문이다. 사회가 발달하면서 지식은 점차 특정하고 세부적인 내용으로까지 발달하게 되어 사람들은 각기 서로 다른 영역에서 전문적 지식을 습득하게 되었다. 이러한 지식의 세분화는 지식의 전문화라는 장점과 함께 자신의 지식 영역을 이해하는 방식으로만 사고가 제한되는 지식의 격자화라는 단점도 함께 가져왔다. 사람들은 자기만의 이해 방식에 집착한 나머지 자신의 지식 영역이나 관심사에서 벗어난 새로운 지식 영역에 대해 쉽게 접근하거나 이해하기 어려워한다. 이러한 사람들에게 자신이 가진 생각과 전문직인 지식을 다른 이들에게 전달하기 위해서는 보다 정밀한 글쓰기 능력이 요구된다.

셋째, 공적 담론 능력이 필요하기 때문이다. 오늘날 사람들은 개인적인 정서나 느낌을 표출하고 전달하는 데는 매우 익숙하다. 특히 젊은 세대들의 경우 문자 메시지나 SNS 메신저를 이모티콘과 같이 기성세대들이 경험하지 못했던 방식으로 그들의 감정과 정서를 표현한다. 그러나 아쉽게도 상당수의 젊은 세대들은 공적인 영역과 관련한 자신의 생각을 설득력 있게 표현하는 데 어려움을 토로한다. 다원화된 사회에서 의사소통의 핵심적인 목표는 나와 이해를 달리하는 사람들에게 논리적으로 이해할 수 있도록 설득하는 능력이다.

글을 쓰기 위해 필요한 것은 사고 능력과 표현 능력이다. 사고 능력이란 우리에게 주어진 현상과 사건을 명료하게 인식하여 각기 의미에 따라 '분류'할 수 있는 능력을 의미한다. 우리는 우리에게 주어진 현상과 사건을 각기 개별적인 것으로 받아들이지 않고 이미 알고 있는 서로 다른 경험들과의 공통점과 차이점이라는 연결 고리를 통해 인식하고 기억한다. 명료하게 사고한다는 것은 공통점과 차이점을 보다 명확하게 구별할 수 있다는 것이며 구체적인 일과 일반적인 일과의 연관성을 쉽게 식별하는 것이다. 그러므로 명료한 사고 능력은 세상의 일들을 구분하고 연결함으로써 쉽게 이해할 수 있는 능력이다.

표현 능력이란 자신의 머릿속에 들어있는 지식이나 정보를 적절한 방식으로 재구성하는 능력이다. 의미를 정확하게 전달하기 위해서는 실타래처럼 얽혀있는 지식과 정보를 단순하고 명료하게 표현할 수 있어야 한다. 또한 사회 구성원 모두가 공유하고 소통할 수 있는 적절한 패턴으로 표현할 수 있는 능력도 요구된다. 문자가 사회적 약속이듯 문장 표현도 사회적인 약속이다. 적절한 맞춤법과 어순이 존재하며 사회에서 통용되는 의미 전달 방식도 존재한다. 이 모든 것을 무시하고 자신의 생각을 표현한다면 이를 이해하는 사람은 아무도 없을 것이다.

좋은 글을 쓰기 위해서는 "글쓰기는 너무 어렵고 힘들다"라는 두려움과 "나의 글은 부족하다"라는 불안감을 없애야 한다. 우리는 날마다 글쓰기를 하고 있나. 친구들이나 지인에게 보내는 사소한 문자 메시지도 글쓰기에 해당하고, 간단히 자신의 일과를 정리한 메모도 글쓰기에 해당한다. 그럼에도 사람들은 글쓰기를 어려워하고 두려워한다.

글쓰기 수업의 목적은 문학 작품과 같은 훌륭한 미문(美文)을 쓰게 하는 데 있지 않다. 진실하고 성실한 내용을 담고 있고 자신의 의도를 정확하게 드러내는 어휘와 문장으로 표현하는 능력을 기르는 데 글쓰기 수업이 목적이 있다.

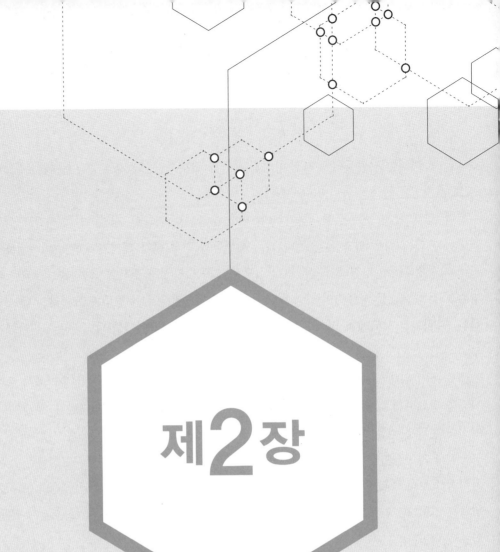

제2장

글쓰기의 과정과 절차

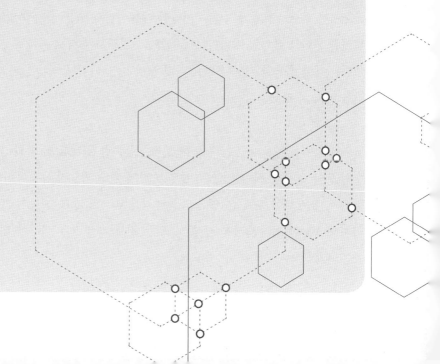

제**2**장 글쓰기의 과정과 절차

　사람들은 글쓰기를 어려워한다. 글을 쓰고 싶다는 욕구가 들었다가도 자신이 하고 싶은 이야기를 충분히 글로 표현하지 못한 채 포기하는 경우가 태반이다. 사람들이 글쓰기를 중도에 포기하는 이유는 많다. 어떤 내용으로 글을 써야 할지 결정하지 못했거나, 글을 쓸 만큼 충분히 생각이 익지 못했거나 혹은 지레 겁을 먹고 자신은 글을 쓰지 못한다고 포기하는 경우도 있다.

　사람들이 글쓰기에 실패하는 가장 큰 이유는 바로 계획이 없기 때문이다. 만약 누군가가 우리들에게 개집을 지으라고 한다면 우리는 어떻게 할까? 아무런 계획도 없이 개집을 짓겠다고 톱과 망치부터 찾는 사람은 없을 것이다. 개집의 모양을 어떻게 지을 것인지, 개의 크기에 비추어 개집은 얼마나 크게 만들 것인지, 필요한 재료는 어떤 것이 있는지를 계획해 보는 절차를 밟을 것이다. 만약 개집을 짓는 사람이 아무런 계획 없이 톱질을 하거나 망치질부터 한다면 잘라 놓은 나무판의 크기가 맞지 않거나 혹은 못질을 잘못해 다시 나무를 잘라야 하는 상황에 처하게 될 가능성이 클 것이다.

　글쓰기도 그러하다. 어떤 사람들을 대상으로 글을 쓰는 것인지, 어떤 주제로 글을 쓸 것인지, 주제에 적합한 화제는 무엇이 있는지 등에 대한 계획이 필요하다. 그런데도 사람들은 대부분 글을 써야 하는 상황에 닥치면 계획을 세우기보다는 무턱대고 컴퓨터 앞에 앉아 자판을 두드리려고 하기 때문에 글쓰기가 쉽지 않다. 그리고 이렇게 실패를 경험한 사람들은 정작 자신이 저지른 실수가 어떤 것인지를 생각해보지 않는다. 대신 '역시 글쓰기는 너무 어려워. 아무나 하는 게 아닌가봐'라면서 마치 글쓰기가 하늘로부터 부여받는 커다란 재능이라도 되는 것처럼 말하기 일쑤이다. 물론 우리가 아는 위대한 문학 작품처럼 아름다운 글을 쓰기 위해서는 타고난 재능도 필요하겠지만 우리의 생각을 표현하는 데에 특별한 재능이 필요한 것은 아니다. 다만 우리는 글쓰기를 익숙하게 잘 할 수 있도록 훈련을 받지 못했을 뿐이다.

　수영을 처음 배운다고 가정을 해 보자. 몸에 힘을 빼고 팔과 다리를 움직이면 된다는 설명만 듣고 수영을 할 수 있는 사람은 없다. 수영을 하기 위해 필요한 동작들인 발차기와 호흡 등을 어떻게 해야 하는지 배운 다음, 수많은 연습을 통해서야 비로소 수영을 할 수 있게 된다. 수영이 이러한 과정을 거쳐야 가능한 것처럼 글을 잘 쓸 수 있는 것도 글을 쓰는 과정에 대한 훈련이 필요하다.

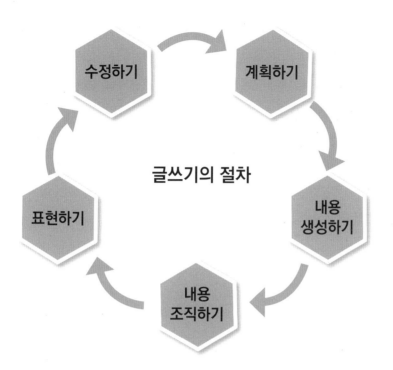

글쓰기의 절차

수정하기 → 계획하기 → 내용 생성하기 → 내용 조직하기 → 표현하기

1. 계획하기

　글을 계획하는 단계에서 고려해야 하는 것은 크게 네 가지가 있다. 첫째, 글을 쓰는 목적이 무엇인지를 고려해야 한다. 나에게 주어진 과제가 무엇인가를 생각하고 내가 어떤 문제를 해결하기 위해 글을 쓰는지를 생각한다. 둘째, 내가 글에서 다루어야 할 주제가 무엇인지를 결정해야 한다. 글을 통해 내가 표현하고 전달하고자 하는 의미가 구체적으로 어떤 것인지를 생각한다. 결정된 주제는 써야 할 글의 성격이나 방향을 제시하고 일관된 절차 아래 글을 완성할 수 있도록 도와주는 지침과 같다. 셋째, 독자를 고려해야 한다. 글을 쓰고 읽는 것은 또 다른 형태의 대화이다. 우리가 대화를 할 때 상대방의 연령이나 직업 등과 같은 상황을 고려하여 말하는 주제나 사용하는 어휘가 달라지는 것처럼 글을 쓰는 것도 동일하다. 넷째, 어떤 방식으로 내용을 전달하는 것이 효과적인지를 고려해야 한다.

글을 쓰는 과정은 우리가 생각을 하는 사고의 과정과 동일하다. 방학 동안 친구들과 제주도로 여행을 가기로 결정하였다면 실제 여행을 가기 위해 어떤 과정을 거쳐야 하는지 여행계획을 세우고 글쓰기의 과정과 어떤 점에서 같은지에 대해 생각해 보자. (조별 활동)

2. 내용 생성하기

1) 주제선정

언어생활은 하나의 주제를 선택하는 것으로 시작된다. 주제를 선택한다는 것은 무엇이 현재, 나에게 의미 있는 것인가를 결정하는 것이다. 대화의 경우라면 주제는 상대방의 성, 신분, 연령, 직업, 이야기의 목적에 따라 다르게 선택되어야 한다. 같은 이야기라도 상대방의 연령, 신분에 따라 달라질 수밖에 없으며, 빈 강의시간을 때우면서 하는 이야기와 군대 가기 전 친구와 만나 하는 이야기는 그 강도가 다르다. 우리가 주제 선택을 함에 있어 고려해야할 상황이란 것은 크게 다음 두 가지이다.

- 이야기 상황 : 공식적 / 비공식적
- 이야기 상대 : 성 / 신분 / 연령 / 인원수

먼저 공식적인 상황인지 비공식적 상황인지를 판단해야 한다. 그리고 상대방이 남자냐 여자냐, 어떤 지위냐, 나이는? 몇 명이냐까지 고려해 이야기 주제를 선택하는 것이 좋다. 일반적으로 재미있고, 상대방에게 흥미를 주는 주제를 선택하면 된다.

지금 친구를 만난다고 하자. 그러면 어떤 이야기를 나누고 싶은가? 지금 여러분에게 가장 중요한 주제는 무엇인가? 종교에 대한 이야기를 하고 싶은가? 사랑에 대해 이야기를 나누고 싶지는 않은가? 자기가 원하는 것, 상대방도 듣고 싶어 하는 것을 주제로 정하면 된다. 주제를 찾아 설정하는 방법에는 화제로부터 문제의식을 찾아 주제를 구체화시키는 방법과 자유롭고 유연한 사고로 풍부한 착상을 이끌어내는 방법이 있다. 그리고 주제가 정해지면 이를 뒷받침할 수 있는 세부 내용을 생성하는 방법이 있다.

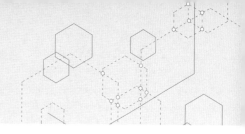

(1) 화제와 주제의 차이

화제는 글의 주된 소재나 제재이며 주제는 화제에 대한 글쓴이의 관점에서 말하려는 중심생각이다. 다음 글을 읽고 화제와 주제에 대해 생각해 보자.

대구에서 대학을 다닌 A는 학창시절 자주 다니던 중국집이 있었다. 그 중국집의 짬뽕이 너무 맛있어서 1주일에 한 번 이상은 꼭 그 집에 들러 짬뽕을 먹곤 했었다. 그렇게 자주 다니다보니 중국집의 사장과도 제법 친해져서 속의 이야기도 나눌 수 있는 사이가 되었다. 하루는 A가 중국집의 사장에게 이렇게 말했다.

"제가 짬뽕을 좋아해서 여러 집들을 다녀봤는데 제 입맛에는 이 집 짬뽕이 제일 맛있는 것 같아요. 도대체 맛의 비결이 뭐예요?"

그러자 중국집 사장은 잠시 머뭇거리더니 이렇게 말했다.

"우리집 짬뽕 맛의 비결은 미원이지."

"네, 미원이요? 에이 거짓말하지 마세요. 제가 입맛이 민감해서 조금만 미원이 들어가면 다 알아요. 그리고 다른 사람들도 그럴 텐데 비결이 미원이라고요?"

"그게... 미원을 어설프게 넣으니까 사람들이 알아채지. 미원을 들이부어 봐. 그럼 아무도 미원이 들어갔는지 몰라."

그 뒤로 A는 그렇게 좋아하던 그 중국집에 발을 끊었다고 한다.

윗글의 화제는 중국집의 짬뽕과 미원이다. 화제란 사람들과 이야기를 나누는 이야기 소재와 같은 것이어서 중국집에 대한 이야기나, 짬뽕, MSG와 같은 이야기를 나눌 때 위의 이야기는 모두 어울린다. 하지만 주제는 다르다. 윗글에서 주제는 아직 드러나지 않았다. "식당에서 사 먹는 음식에는 MSG가 많이 들어가 있다."가 주제가 될 수도 있고, "우리의 감각이 일정 범위를 벗어난 것들을 제대로 받아들이지 못한다."와 같은 것일 수도 있다. 이야깃거리(화제)를 통해 말하고자 하는 핵심적인 내용(주제)이 무엇이냐에 따라 화제와 주제를 구분할 수 있다.

(2) 브레인스토밍

　이야깃거리를 떠올리는 가장 좋은 방법은 브레인스토밍이다. 자유연상기법이라고도 말하는 브레인스토밍은 어떠한 제약도 없이 머리에 떠오르는 단어나 생각들을 자유롭게 종이에 써 보는 방법이다. 이 과정에서 떠오르는 생각은 되도록 구체적으로 정리하는 것이 좋다. 형용사보다는 명사가 적당하며, 단어보다는 문장이 더 명확하게 생각을 드러낼 수 있다는 점을 기억하자. 그 다음 적어놓은 단어나 생각들을 묶을 수 있거나 거기서 어떤 패턴을 읽을 수 있으면 하나의 주제를 이끌어낼 수 있을 것이다.

　브레인스토밍은 각자가 개별적으로 혹은 그룹으로도 진행할 수 있는데 그룹으로 진행하다보면 생각의 차이로 인해 의견 충돌이 일어나는 경우도 있다. 그러므로 브레인스토밍을 진행하는 과정에서 주의해야 할 점이 몇 가지 있다. 첫째, 의견에 대한 평가나 비판은 자칫 아이디어 생성 자체를 저해하는 요소가 되므로 다른 사람의 의견에 비판을 하는 행위를 조심해야 한다. 둘째, 브레인스토밍은 아이디어의 양이 질보다 중요하다. 많은 양의 아이디어에서 창의적이고 좋은 아이디어가 나올 수 있다는 점을 명심해야 한다. 그러므로 누구라도 자기검열이나 타인의 비판으로 인해 아이디어를 제한해서는 안 된다. 셋째, 도출된 아이디어를 개선하거나 아이디어들 간의 결합을 통해 새로운 아이디어를 도출하는 활동이 필요하다.

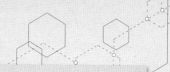

연습문제

물 없이 세수하는 방법에 대해 떠오르는 생각을 정리해 보자. 그리고 떠오른 생각을 조원들과 함께 나눠보고 아이디어를 개선하고 아이디어들 간의 결합을 통해 새로운 방법을 도출해 보자.(조별 활동)

(4) 마인드맵

마인드맵이란 자신의 생각을 이미지나 그림, 기호 등으로 표현하는 방법이다. 시간을 오래 사용하거나 고민을 깊게 할 필요 없이 즉흥적이고 순간적으로 떠오르는 생각들을 주제와 관련해 연결하는 방식으로 이루어진다.

마인드맵을 작성하기 위해서는 먼저 내가 해결해야 하는 문제나 과제가 무엇인지를 명확하게 정해야 한다. 그런 다음 주제를 커다란 종이의 가운데에 제시하고 생각나는 단어들을 적는다. 적어 놓은 단어들을 선이나 색을 이용해 연결하고, 연결된 단어들을 새롭게 떠오르는 키워드와 연결할 수도 있다. 한 가지 주제에 대한 꼬리에 꼬리를 무는 연결된 생각의 고리를 이어 나가며 마치 지도를 그리듯 표시해 나간다. 그리고 그 중에서 주제와 관련된 것들은 선택하고, 그렇지 않은 것들은 제외시켜 나간다. 그래도 주제가 명확해지지 않았으면 다른 사람들과 생각을 나누는 것이 좋다.

마인드맵을 작성한 다음에는 작성된 마인드맵에 대한 검토와 마인드맵을 재구성하는 과정이 필요하다. 이런 과정을 통해 주제를 설정하고, 내용을 생성하고 정리하며, 정리한 내용을 바탕으로 글을 쓰는 글쓰기 절차를 이루면 된다.

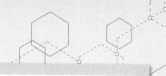

자기 자신을 소개하고 설명하는 글을 쓰려고 한다. 마인드맵으로 작성하고 발표해 보자.

2) 자료수집 및 정리

주제가 결정되면 그 주제에 합당한 이야깃거리들을 모아야 한다. 아무리 좋은 주제를 선택해도 자료 수집에 실패하면 제대로 된 글쓰기는 불가능하다. 한국 음식을 만들기로 해놓고 다른 나라 음식 재료를 준비했다면 어떻게 되겠는가? 아무리 노력해도 자기가 만들고자 하는 음식을 만들 수 없을 것이다. 글쓰기도 마찬가지이다. 자기가 쓰고자 하는 주제에 합당한 자료를 수집해야 원하는 글을 쓸 수 있다.

자료를 수집할 때에는 자료에 대한 접근 가능성이나 시간, 비용 등의 문제를 미리 점검하는 것이 좋다. 자기가 할 수 있는 범위를 정해야 하는 것이다. 또한 직접 조사 방법을 선택할 것인지 전화 면접이나 설문지 조사 등의 간접 조사 방법을 선택할 것인지도 결정해야 한다. 예를 들어 '이주여성들의 주거실태'를 조사하려고 한다면 사무실에서 행정서류만 살펴서는 필요한 자료를 수집할 수 없을 것이다. 직접 그들을 만나서 그들이 사는 주거환경을 눈으로 보고 점검해야 한다.

(1) 자료수집 – 대상 선정

자료 수집에서 가장 어려운 것 중의 하나는 수많은 자료 가운데 무엇이 주제에 적합한 자료인지를 선별하는 것이다. 자료를 찾았다손 치더라도 그 자료가 주제에 합당한지 아닌지를 판단하는 것은 쉽지 않다. 이런 문제를 해결하기 위해서는 처음부터 주제를 구체적으로 정하고 시작하는 것이 좋다. 주제가 구체적일수록 자료수집과 분류가 용이하다.

만일 글쓰기 주제를 '한국 교육의 문제점'으로 정했다면 주제에 해당되는 자료를 수집하고 분류하는 데 자기 일생을 다 바쳐야 할지도 모른다. 주제를 '고등학교 교육의 문제점'이나 '대학 교육의 문제점'으로 좁히면 조금 나을 것이고 '상대평가의 문제점' 같은 구체적인 주제로 정하면 자료 모으기가 보다 쉬울 것이다.

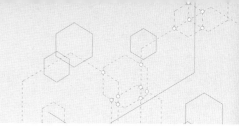

(2) 자료수집 방법

자료를 수집하는 방법은 다양하다. 요즘은 흔히 인터넷을 통해 자료를 조사, 검색하는 사람들이 많다. 인터넷은 유용한 자료를 손쉽게 구할 수 있다는 장점이 있다. 인터넷만 검색해도 원자폭탄을 만들 수 있다지 않는가? 그러나 정보가 많다는 것과 유용한 정보를 찾는다는 것은 별개의 문제이다. 넘쳐나는 인터넷 정보에 빠져 시간이 더 많이 걸릴 수 있기 때문이다. 아무리 정보가 많아도 필요한 정보를 찾지 못한다면 소용이 없다.

연습 1

1. 온라인에서 질문하고 대답되는 정보를 검색하고 소개해보자.

2. 위에 제시된 답변에서 부족한 점을 찾아 해결책을 제시해 보자.

인터넷에서 자료를 선별하기 어려운 경우에는 책을 찾아보는 것도 좋다. 아무 글이나 올려도 되는 인터넷과 달리 책은 누구나 쓸 수 있는 것이 아니다. 특정 논문은 자격 기준에 부합하는 사람만 쓸 수 있다(학위를 받은 사람의 글은 어느 정도 자격을 갖춘 사람의 글이라 볼 만한 상당한 근거가 있다). 게다가 각주와 참고문헌을 바탕으로 인터넷을 검색하면 훨씬 정확한 자료를 다양하게 수집할 수 있다.

이와 같이 자료 수집을 할 때에는 여러 방법을 상호보완적으로 사용하는 것이 좋다. 그러면 훨씬 유용한 자료를 쉽게 많이 모을 수 있다. 만일 연구 주제가 '중고등 학생들의 기초학력 진단'이라면 먼저 각 학교 또는 교육청 사이트를 검색해야 할 것이다. 온라인상에 필요한 질문을 올려놓아 답변을 취합하는 방법을 사용할 수도 있다. 그리고 도서관이나 연구소, 학술지나 행정자료까지 찾아야 할 것이고 경우에 따라서 혁신학교와 일반학교를 일일이 방문해 학생들을 만나 면접 조사를 실시해야 할 것이다.

〈자료 유형〉

> 문헌 자료 : 책, 신문 등
> 영상 자료 : 유튜브, 다큐멘터리, 텔레비전 등
> 인터넷 자료 : 인터넷 검색 자료, 각 기관(국가 기관 포함)의 홈페이지 등
> 학술 자료 : 학위논문, 보고서 등
> 조사 자료 : 인터뷰, 설문조사 등

그러나 누가 뭐라 해도 자료를 수집하는 가장 좋은 방법은 전문가의 도움을 받는 것이다. 법원에 소송을 준비하는 사람이 인터넷만 검색하고 있겠는가? 아무리 좋은 책이 있어도 책만 읽고 소송을 진행한다는 것은 불가능하다. 당연히 법무사나 변호사의 도움을 받아야 하지 않겠는가?

대학생이라면 담당 교수를 찾아 가는 것이 자료 수집에 있어 가장 빠르고 정확한 방법이다. 교수는 학생들과 같은 문제를 공유하고 있을 확률이 크다. 게다가 교수는 학생이 찾는 문제에 대해 가장 빠른 지름길이 표시된 지도를 가지고 있는 사람이라고 보면 맞다.

(3) 자료정리

자료 수집이 끝나면 자료를 정리해야 한다. 수집한 자료마다 가치가 다르기 때문이다. 같은 음식 재료를 사용해도 원산지에 따라, 생산연도에 따라, 보관기간에 따라 맛이 달라지는 것과 같다. 김치 찌개를 끓이는데 중국산 김치나 10년 묵은 고춧가루를 썼다면 아무리 다른자료를 최상급으로 준비했다 해도 솜씨를 발휘하기 힘들 것이다.

자료를 정리할 때에는 먼저 신뢰할 수 있는 자료를 골라내는 것이 좋다. 개인적인 의견을 제시한 자료는 배재하는 것이 좋으며 특히 신문이나 방송 기사를 자료로 사용할 때에는 각별한 주의가 요구된다. 대부분 뉴스는 신문, 방송사에 의해 해석이 가미된 2차 자료일 가능성이 크다. 심지어 같은 통계 자료를 다르게 해석하여 기사화 하는 경우도 있다. 이런 자료들을 무비판적으로 선택하다보면 자칫 특정 언론사의 시각을 대변하는 글쓰기가 될 수 있다.

아래 기사 사진은 동일한 사건에 대한 두 신문사의 시각 차이를 잘 보여준다. 같은 날 기사를 냈는데도 두 언론사의 취재 대상이 다르다. 이 가운데 어떤 자료를 선택해서 어떤 주장을 펼치느냐에 따라 자신도 모르게 '글쓰는 이'의 세계관이 드러난다. 그만큼 자료 선택에 신중해야 할 필요가 있다.

A신문

B일보

연습 2

1. 두 신문사의 사진을 보고 두 언론사의 시각을 추론하고 그 이유를 써 보자.

A. 신문사:

_____

_____

_____

_____

_____

_____

_____

B. 신문사:

_____

_____

_____

_____

_____

_____

다음으로 중요한 것은 자료를 정리할 때, 내 생각뿐만 아니라 다른 사람의 생각도 고려해야 한다는 것이다. 내 글을 읽을 사람은 그들이기 때문이다. 초등학생들에게 '열심히 공부하라'는 글을 쓰면서 '대학입시 제도의 복잡성'에 대한 자료를 사용한다면 아무도 읽으려 들지 않을 것이다.

어떤 것이 유용한 자료인지 구분하기가 쉽지 않은 경우, 같이 공부하는 친구들과 협의하여 자료를 분류하는 것이 좋다. 친구들은 다른 사람의 입장에서 내 자료를 검토해줄 뿐만 아니라, 이렇게 다른 사람의 시각을 접하고 자기 의견을 가다듬는 과정을 거치면서 자료를 보는 눈을 기를 수 있기 때문이다.

문서 자료는 수집할 때부터 서지사항을 카드로 만들어 정리하라. 서지 카드를 만들어 두면, 글을 인용하거나 주장의 근거를 밝힐 때 매우 유용하다.

〈서지사항〉

1) 저자 이름, 2) 제목, 3) 출판사(인터넷의 경우 사이트 주소). 4) 발표 연도. 5) 페이지.

   예) 이영환, 「소통을 위한 글쓰기」, 박이정, 2018. 27쪽.

※ 주석이나 참고문헌 작성 양식은 학문 분야와 학술지에 따라 다를 수 있다.

다음 주제로 글을 쓰거나 발표를 한다고 할 때, 이와 관련된 자료를 수집해보자.

1. 독도 영유권 분쟁

2. SNS는 인간관계에 도움을 주는가?

3. 성형은 인간을 행복하게 하는가?

4. 남녀차별

5. 자유주제

1) 인터넷으로 자료를 검색해 보자.

2) 자료의 가치에 대해 토론하고 자기가 사용할 자료를 결정해 보자.

3) 조별로 정리한 자료를 발표해 보자.

 - 각 자료를 선택한 이유를 밝힌다.

〈주제 :   〉

학과 :   이름 :

자료	내용 요약	출처
1		
2		
3		
4		
5		
6		

3. 내용 조직하기 : 개요 작성

개요란 글을 쓰기 전에 먼저 글의 전체적인 윤곽을 잡는 것이다. 비유적으로 말하면 건물을 짓기 전에 설계도를 만드는 작업이라 할 수 있다. 글을 쓰기 전에 미리 개요를 작성해야 하는 이유는 1) 글 전체를 하나의 주제로 묶을 수 있고 2) 글의 흐름을 일관되게 유지할 수 있으며 3) 주제나 소재, 내용의 중복을 피할 수 있기 때문이다. 개요를 작성하지 않고 생각나는 대로 글을 쓴다면 주제가 흔들리거나 생각하지 않았던 내용이 들어가 글을 혼란스럽게 만들 수 있다.

만일 개요를 미리 만들지 않고 글을 쓴다면, 건물을 다 짓고 보니 필요 없는 굴뚝이 달렸거나 길도 없는 2층에 주차장을 만든 것처럼 전혀 엉뚱한 얘기가 될 수 있다. 개요를 먼저 작성해야 이런 시행착오를 줄일 수 있다.

1) 개요작성 방법

개요에는 '문장식 개요'와 '화제식 개요'가 있다. 문장식 개요는 각 항목을 문장으로 작성하는 것이며 화제식 개요는 각 항목을 문장이 아니라 어구, 어절로 작성하는 것이다.

〈주제 : SNS는 우리를 병들게 한다〉

문장식 개요	화제식 개요
SNS의 문제점에 대해서 알아보겠다.	SNS의 문제점
1) 보안상 여러 문제가 있다. 2) 중독의 문제가 심각하다. 3) 정보의 양극화를 부추긴다.	1) 취약한 보안 2) 중독의 위험 3) 정보 양극화
SNS는 1) 2) 3)의 단점이 있다.	단점 정리

연습 1

다음 글은 어떤 개요를 바탕으로 해서 글을 썼을까? 개요를 찾아보자.

외모 지상주의란 외모가 개인 간의 우열과 인생의 성패를 가름한다고 믿어 외모에 지나치게 집착하는 경향과 사회 풍조를 말한다. 이러한 경향은 외모가 연애와 결혼, 취업과 승진 등 사회생활 전반까지 좌우한다는 믿음에서 비롯된다고 할 수 있다. 나는 외모 주상주의에 반대한다.

32

왜냐하면 심각한 부작용이 뒤따르기 때문이다.

첫째, 외모를 가꾸는 데 들어가는 비용이 지나칠 정도로 많다는 점은 분명 문제다. 건전하게 일반적으로 필수품처럼 사용하는 화장품들을 제외하고, 고비용, 고위험의 성형수술도 아무렇지 않게 광고를 하며 소비자들을 모으고 있는 점에 주목한다.

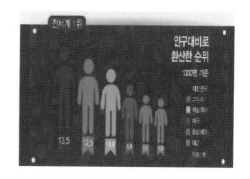

전 세계 약 21조로 추산되는 성형 수술 시장 규모 중 대한민국은 약 4분의 1을 차지한다. 성형수술 건수로 따지면 약 65만건(2014년 기준)으로 미국 300만 건의 5분의 1, 중국이나 일본의 60% 수준인데, 이를 인구수 대비로 따지면 한국이 세계 1위이다.

이런 근거로 외신에서는 한국을 '성형공화국'이라고 부르며 정신적 가치에 충실하기보다 돈벌이와 미용성형에 혈안이 된 우스꽝스러운 한국민을 보도하고 있다. 한편, 이란성 쌍둥이란 말을 빗대어 '의란성 쌍둥이'란 말이 나온 것도 이 같은 세태를 반영한 것 같다.

둘째, 성형수술 결과의 승패는 아무도 장담할 수 없다. 즉, 결과가 잘 나오면 다행이지만, 잘못 나오더라도 어쩔 수 없는 복불복의 위험성을 감수해야만 하는 것이다. 부작용이 나타나더라도 모든 고비용을 들여서 수술 받은 사람 자신이 결과 일체를 떠맡을 수밖에 없는 게 현실이다. 요즘엔 성형외과가 밀집한 곳의 한 의원에서 마취된 환자만 모른 채 비의료인들이 대리로 성형수술을 진행하여 건강에 이상이 없던 젊은 사람임에도 수술 도중 뇌사상태로 빠진 모습이 cctv에 녹화된 안타까운 사례들이 잊을 만하면 보도되곤 한다. 상식적으로 납득이 안 되고 말도 안 되는 상황들인데, 내면의 가치가 우선되어야 한다는 인식의 개선이 있지 않는 한 이처럼 수입에 눈이 멀어 양심을 버린 의원들을 만날 가능성은 클 수밖에 없다.

아름다운 사람이 모든지 평가를 좋게 받는 이 사회에서 인간이 미를 추구하는 과정이나 자신의 외모를 가꾸는 모습은 어쩌면 당연하다고 볼 수 있다 그렇다고 그것을 나쁘다고 하는 것이 아니다. 그것이 인간의 내면과 외면의 건강을 지켜주고 돋보이게 해주는 선에서만 이루어져야 하는 부수적인 과정이어야 한다. 또한 인간의 진정한 모습은 외면이 아니라 내면에서 나온다.

-학생의 글

〈문장식 개요〉	〈화제식 개요〉

2) 개요 번호 모양

개요를 작성할 때는 우선 글의 층위를 나누어야 한다. 예를 들어 '한국의 산하(山河)'라는 주제로 글을 쓴다고 하면, 먼저 '산과 강'이라는 상위 층위를 정하고 그 아래 층위에 한국의 산과 하천을 배치하는 것이다.

〈한국의 산하(山河)〉

1. 한국의 산
    A. 백두산
    B. 한라산
2. 한국의 강
    A. 한강
    B. 금강

더 추가할 내용 층위가 있으면 새로운 층위를 만들어 배치하면 된다. 예를 들어 '산과 하천'을 각 지역 단위로 구분하여 추가 제시하고 싶다면 지역을 한국의 산하 아래 A 층위에 배치하고 각각의 강

과 산을 하위 층위로 내리면 된다. 그렇게 하면 다음과 같은 개요표시가 만들어질 것이다.

1.한국의 강

  A. 경기도 지역의 하천

    ㄱ. 북한강

    ㄴ. 홍천강

    ㄷ. 소양강

  B. 충청도 지역의 하천

    ㄱ. 남한강

    ㄴ. 금강

    ㄷ. 백마강

2. 한국의 산

  A. 경기도 지역의 산

    ㄱ. 유명산

    ㄴ. 광덕산

    ㄷ. 화악산

  B. 충청도 지역의 산

    ㄱ. 계룡산

    ㄴ. 속리산

    ㄷ. 가야산

원래 1. '한국의 강과 산' 〉 A. '한국의 강과 산의 이름'으로 나누어져 있던 층위에 지역 층위가 추가되자 1. '한국의 강과 산' 〉 A. 지역 〉ㄱ. '개별 강과 산의 이름'으로 층위가 조정된 것이다. 여기에 또 새로운 층위를 추가할 수도 있고 아니면 기존 층위에 내용만 추가할 수도 있다. 나라를 추가하고 싶으면 1(아라비아 숫자) 층위에 넣으면 되고 지역을 추가하고 싶으면 A(영문) 층위에, 강과 산을 추가하고 싶으면 ㄱ(한글) 층위에 넣으면 된다.

[실습 1] 지역과 산을 추가해 보자

1.한국의 강

  A. 경기도 지역의 하천

    ㄱ. 북한강

    ㄴ. 홍천강

    ㄷ. 소양강

  B 충청도 지역의 하천

    ㄱ. 남한강

    ㄴ. 금강

    ㄷ. 백마강

2. 한국의 산

  A. 경기도 지역의 산

    ㄱ. 유명산

    ㄴ. 광덕산

    ㄷ. 화악산

  B. 충청도 지역의 산

    ㄱ. 계룡산

    ㄴ. 속리산

    ㄷ. 가야산

C. _____	C. _____
ㄱ. _____	ㄱ. _____
ㄴ. _____	ㄴ. _____
ㄷ. _____	ㄷ. _____

이 때 주의해야 할 점은 층위(장, 절, 항, 목)는 항상 정확하게 구분되어야 한다는 것이다. 1층위에 강산의 이름이 들어가거나 A 층위에 나라, ㄱ 층위에 지역 이름이 뒤섞여 들어가면 매우 혼란스러운 글이 된다.

〈번호표시의 예〉

1.	1.	A.
1.1.	1)	a.
1.1.1.	(1)	(a)
1.2.	2)	b.
1.2.1.	(1)	(a)
2.	2.	B.

※ 숫자와 부호는 얼마든지 바꾸어 쓸 수 있다.

연습 2

우리 대학의 대학, 대학원이 어떻게 편성되어 있는지 조사해 보자.

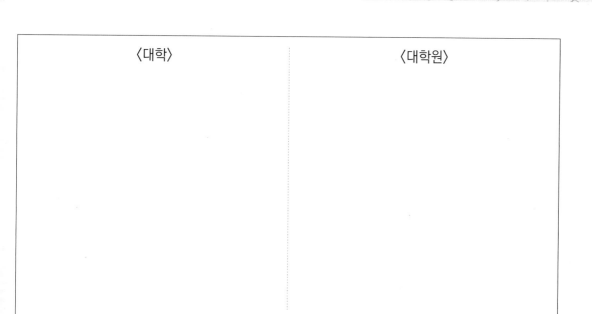

〈대학〉	〈대학원〉

3) 글의 구성과 개요

개요는 3단 구성을 사용해서 작성하는 것이 일반적이다. 3단 구성은 하나의 글을 ⑴ 서두, ⑵ 본문, ⑶ 결말로 나누는 방식이다. 서두에서 주제와 그 주제를 선택한 이유, 목적 등을 밝히고 본문에서 그 주제에 대한 설명, 논증의 과정을 수행한다. 마지막으로 결말에서 서두와 본문의 수행결과를 요약하고 강조한다.

일반	논리	사건	
도입	서두	발단	글을 쓰게 된 이유, 목적 등 제시
전개	본문	경과	서두에서 제기한 문제에 대한 본격적인 논의 예시, 설명, 논증 등의 방법 사용
결말	결말	결말	요약, 강조

3단 구성은 생각이나 이해, 과정을 간단하고 자연스럽게 나타내는 데 적합하다. 그래서 주로 실용문이나 짧은 논문과 같이 간단한 정보를 제시하는 경우에 사용한다. 현대사회에서는 결론을 먼저 밝히고 본문을 다음에 잇는 추세라는 것을 고려하는 것도 중요하다. 이는 특히 비즈니스 글쓰기의 경우 두괄식 글쓰기를 요구하는 것과 관계가 있다. 짧은 시간에 중요한 내용을 전달해야 하기 때문에 결말을 먼저 제시하라는 것이다. 이 경우 서두는 마지막에 참고자료를 첨부하거나 결말을 다시 한 번 강조하는 것으로 대체한다.

연습 4　강조점을 먼저 말하는 방식으로 자기의 성격을 소개해 보자.

_____
_____
_____
_____
_____
_____
_____
_____

연습 5　자기에게 소중한 것을 하나 택하여 친구들에게 소개해 보자(결론부터 제시).

_____
_____
_____
_____
_____
_____
_____
_____
_____

　글의 길이가 길어지거나 주제에 대한 설명이 더 필요하면 본문을 확장하면 된다. 이 때, 4단 또는 5단 구성을 사용한다.

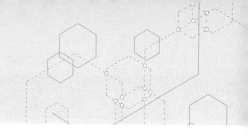

3단구성	4단구성	5단구성	
		소설, 희곡	논문
서두	도입(기)	발단	기
본문	전개(승)	도입	승
		전개	보
	발전(전)	절정	전
결말	정리(결)	결말	결

　본문을 강조하기 위해 본문을 전개부와 발전부로 나눈 것이 4단 구성이고, 4단 구성에서 전개부를 다시 나누어, 추가 또는 강조하면 5단 구성이 된다. 5단 구성은 치밀한 논리 전개나 다양한 자료에 근거한 복잡한 논리적 사실 증명에 유리하다(학위논문 등). 이 가운데 어떤 구성 방법을 선택하여 글을 쓸 것인지는 이야기의 성격, 대상, 분량 등을 고려해서 결정하면 된다.

〈SNS는 우리를 병들게 한다〉

4단구성	5단 구성
1. 서론 2. SNS의 일반적(개인적)인 문제점 3. SNS의 심각한(사회적) 문제점 4. 결론	1. 서론 2. SNS의 발달과정 3. SNS의 일반적(개인적)인 문제점 4. SNS의 심각한(사회적) 문제점 5. 결론

교재 '자료수집' [연습문제 1]을 통해 수집한 자료를 바탕으로 주제를 정하고 개요를 작성해 보자.

1. 독도는 한국 땅이다.
2. SNS는 인간관계에 도움을 준다.
3. 성형은 인간을 행복하게 하지 않는다.
4. 글쓰기는 사회생활에서 매우 중요하다.

다음 개요를 검토 후, 수정해 보자.

〈제목 : 남북은 통일 되어선 안 된다〉

1. 서두
2. 본문
   1) 통일을 하면 경제가 위험해질 것이다.
   2) 북한에는 지하자원이 많다.
   3) 북한 주민 때문에 내전 상황이 벌어질 수도 있다.
3. 결말

연습문제 3

[연습문제 1]에서 옆 친구가 작성한 개요를 수정해 보자.

4. 내용 구성하기

1) 단어의 이해와 선택

글쓰기에서 단어는 매우 중요하다. 단어가 모여서 문장을 이루니, 다양한 단어를 사용할 수 있는 사람이 문장을 더 풍요롭게 구사할 가능성이 높다.

글쓰기 방법을 적어 놓은 책에서 단어는 작법 이론의 시작점이다. 단어는 문장을 구성하는 성분이기 때문에, 글쓰기에서 단어의 사용 방법은 글의 가치를 높이는 중요한 요소이다.

단어의 수준을 높이는 것은 단기간에 되는 것이 아니다. 시간을 두고 그 범위를 넓혀가야 한다. 이때 범위는 양과 질로 구분된다. 양적으로 많은 단어를 알아가는 것과 하나의 단어를 알더라도 그 단어가 품고 있는 다양한 의미를 파악하는 질적인 단계가 그것이다.

단어의 질적 수준의 관점에서, 이미 알고 있는 어휘도 적절하게 쓰는 것이 중요하다. "냄새"와 "향기"는 뜻이 비슷한 단어이다. 그러나 각각 쓰이는 환경에는 차이가 있다. "발-냄새", "꽃-향기"는 자연스럽지만 "발-향기", "꽃-냄새"는 어색한 표현이다. 이처럼 비슷한 말이라도 쓰이는 환경이 다르기 때문에 절절하게 써야 한다.

연습 1. 다음의 세 어휘를 활용하여 각각의 문장을 만들어보자.

① 파워
⇨

_____

_____

② 힘
⇨

_____

_____

③권력
⇨

_____

_____

---

(1) 단어의 의미

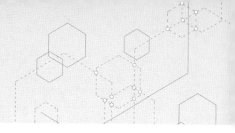

① 중심적 의미와 주변적 의미

하나의 단어에는 여러 개의 의미가 결합되어 있는 경우가 많다. 여러 개의 의미를 지니고 있는 단어를 다의어라고 하는데, 다의어는 중심적 의미와 주변적 의미를 지닌다. 중심적 의미는 기본적이고 핵심적인 의미이고, 주변적 의미는 중심적 의미에서 확장된 의미이다. 이런 점에서 주변적 의미는 중심적 의미에서 파생된 결과라 할 수 있다.

가장 보편화되어 쓰이는 단어는 지각 활동과 관계된 것이다. 다음은 '보다'와 관련된 다양한 의미를 나열한 것이다.

- 나는 새를 보다(시각으로 사물의 모양을 알다)
- 연극을 보다(관람하다)
- 책을 보다(읽는다)
- 환자를 보다(진찰하다)
- 집을 보다(지키다)
- 며느리를 보다(맞는다, 얻는다)

인간의 신체와 관련된 단어는 쓰임이 보편화되어 있으며, 그만큼 쓰임의 유래가 깊고 이에 따라 다양한 의미를 축적하였다. 다음은 '손'에 대한 다양한 의미를 나열한 것이다.

- 손을 들고 만세를 부르다(사람의 신체 중 팔목 아랫부분)
- 손이 모자란다(노동력)
- 그 사람과 손을 끊겠다(관계)
- 손이 크다(씀씀이)
- 손윗사람(나이, 항렬, 지위 따위)
- 손을 뻗치다(세력)
- 손이 서투르다(솜씨)
- 손이 맞다(일하는 생각이나 동작)
- 손이 자라는 대로(힘)
- 손이 거칠다(손버릇)
- 그의 손에 녹아나다(잔꾀)
- 그 사람 손이 가야 한다(기술)
- 남의 손에 넘어가다(소유)
- 국토 통일은 우리의 손으로(역량)

이처럼 단어는 그 양적 확대도 중요하지만 질적인 이해와 확장도 중요하다. 적재적소에 쉬운 단어를 사용하여 표현된 문장은 독자로 하여금 공감을 쉽게 이끌어내어 이해력을 증진할 수 있는 장점이 있다.

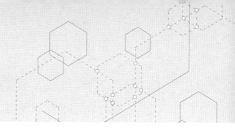

연습 2. 다음은 '들다'라는 단어의 다양한 의미이다. 각 의미에 알맞은 짧은 글을 지어 보자.

① 밖에서 속이나 안으로 향해 가거나 오거나 하다.

⇨ 숲 속에 드니 공기가 훨씬 맑았다.

② 빛, 볕, 물 따위가 안으로 들어오다.

⇨

_____

③ 어떤 일에 돈, 시간, 노력, 물자 따위가 쓰이다.

⇨

_____

④ 물감, 색깔, 물기, 소금기가 스미거나 배다.

⇨

_____

⑤ 어떤 조직체에 가입하여 구성원이 되다.

⇨

_____

⑥ 잠이 생기어 몸과 의식에 작용하다.

⇨

_____

② 외연적 의미와 내포적 의미

　단어의 질적인 확장을 위해 외연적 의미와 내포적 의미의 개념을 이해할 필요가 있다. 외연적 의미는 의사소통의 중심 요소를 이루는 의미로 사전적 의미라고도 한다. 내포적 의미, 사전적 의미에 덧붙어 연상이나 관습 등에 의해 형성되어 있는 의미이다. 글쓰기에서 효율적인 표현을 위해서는 내포적인 의미를 잘 이해하고 활용해야 한다. 따라서 내포적 의미는 시대와 지역적 차이나 사회·문화적 차이에 따라 다를 수 있다. 뿐만 아니라 동일 언어사회에서도 개인적인 경험세계의 넓이에 따라서 차이가 나타날 수 있다. 그렇기 때문에 연상적이고 함축적인 특성을 지니는데 이를 잘 활용하면 개성적인 글을 쓰는 데 유용하다.

연습 3. 다음의 예를 통해 단어의 외연적 의미와 내포적 의미를 생각해보자.

단어	외연적 의미	내포적 의미
불	물질이 산소와 화합하여 높은 온도로 빛과 열을 내면서 타는 것	죽음, 소멸, 열정
돌	바위보다는 작고 모래보다는 큰 광물질의 단단한 덩어리	지조, 불변, 굳건함
소나무	상록 침엽 교목	지조와 절개
대나무	벼과의 상록 교목	지조와 절개
태양	태양계의 중심이 되는 항성	희망과 정렬
바람	기압 변화로 일어나는 대기의 흐름	덧없음과 방랑
꽃	종자 식물의 유성 생식 기관	결실, 화려함, 청춘, 생명
풀	줄기가 연하고 물기가 많아 목질을 이루지 않는 식물	민중, 소박함, 끈질김
눈	수증기가 언 얼음의 결정체	순수, 포근함, 고난
고향	태어나서 자란 곳	마지막으로 돌아갈 곳, 마음의 안식처
어머니	자신을 낳아준 여자	삶의 버팀목

연습 4. 다음 단어의 외연적 의미와 내포적 의미에 대해 생각해보고 빈 칸을 채워보자.

단어	외연적 의미	내포적 의미
물		
책		
교복		
매화		
무지개		

(2) 어휘의 이해

일정한 기준에 따라 공통된 성격을 가진 단어들을 묶은 집합을 어휘라고 한다. 단어의 집합체인 어휘는 문화에 따라 다양한 양상을 나타낸다. 쌀을 주식으로 하는 문화권에서는 이에 대한 어휘가 발달되어 있으며 에스키모인들의 언어에는 눈에 대한 다양한 표현이 있다.

다음 표는 국어와 영어 사이에서 나타나는 동기 간 호칭의 차이를 보인 것이다. 이러한 차이가 생긴 요인이 무엇인지 생각해 보자.

국어	영어
형	brother
오빠	
누나	sister
언니	

① 완곡어

사람들은 '죽음, 질병, 범죄, 위험한 동물, 추한 동물, 성, 배설' 등과 같이 불쾌하고 두려운 것을 연상하게 하는 단어들을 입에 담지 않으려 한다. 이렇게 입 밖에 내기를 꺼려하는 말들을 금기어라고 한다. 이 금기어 대신에 불쾌감이 덜한 말들을 만들어 사용하는데 이를 완곡어라고 한다. '천연두 : 마마/손님', '변소 : 뒷간/화장실/해우소' 등이 금기어와 그에 대응하는 완곡어의 예이다.

'죄인을 가두어 두는 곳'을 가리키는 말이 바뀌어 온 과정을 보고, 바뀌기 전과 후의 느낌을 비교해 보자.

감옥 → 형무소 → 교도소

연습 5. 속어는 공식적이고 점잖은 자리에서 사용하기 어렵다. 다음 단어들을, 사용되는 상황과 의미를 고려하여 바른 표현으로 바꾸어 보자.

- 골 때리다 → (   )
- 쪽팔리다 → (   )
- 방방 뜨다 → (   )
- 끝내주다 → (   )
- 캡, 짱 → (   )
- 깜씨 → (   )

다음 단어들을 대신하여 사용되고 있는 표현을 알아보고, 금기어와 완곡 표현 사이의 관계에 대해 생각해 보자.

- 후진국 → (   )
- 청소부 → (   )

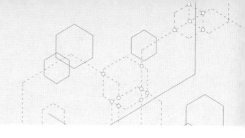

(3) 단어의 관계

① 유의 관계

우리말에는 말소리는 다르지만 의미가 서로 비슷한 유의어가 풍부하게 발달되어 있다. 이러한 단어들을 서로 유의 관계에 있다고 말한다. 유의 관계는 두 개 이상의 단어들이 무리를 이루고 있는 경우가 많다. 다음은 유의어가 풍부하게 발달되어 있는 예를 보여주고 있다.

- 가끔 – 더러 – 이따금 – 드문드문 – 때로 – 간혹 – 혹간 – 간간이 – 왕왕 – 종종 – 자주 – 수시로 – 빈번히
- 가난하다 – 빈곤하다 – 빈궁하다 – 어렵다 – 곤궁하다 – 궁핍하다

연습 6. 다음 문장의 밑줄 친 단어 대신 쓸 수 있는 단어를 말해 보자.

- 그 소식은 <u>벌써</u> 들어 알고 있다.　　　(　　　　　　)
- 그 가수는 목소리가 참 <u>곱다</u>.　　　(　　　　　　)

연습 7. 다음 문장의 빈칸에 '벌써'와 '이미'를 넣어서 자연스러운 문장이 되는지 점검해 보고, 이를 바탕으로 두 단어의 의미 차이가 무엇인지 생각해 보자.

	벌써	이미
아버지께서는 (　　　) 와 계신다.	○	○
많은 사람들이 (　　　) 집으로 돌아갔다.		
그 친구도 (　　　) 어린아이가 아니다.		
(　　　) 엎질러진 물이다.		

② 반의 관계

둘 이상의 단어에서 의미가 서로 짝을 이루어 대립하는 경우를 반의 관계라고 한다. 그리고 이러한 관계에 있는 단어들을 반의어라고 부른다. 반의 관계에 있는 두 단어는 오직 한 개의 의미 요소만 다르고 나머지 요소들은 모두 공통된다. 가령 '총각 : 처녀' 같은 반의어 쌍은 다른 의미 요소들은 모두 같으면서 '성별'이라는 점에서만 대립을 이룬다.

연습 8. 다음 단어들을 '낮'과 '밤'처럼 의미가 대립되도록 짝을 지어 보고, 의미가 대립되는 짝으로 묶을 수 있는 경우와 그렇지 않은 경우의 차이를 생각해 보자.

아저씨   총각   아주머니   처녀

연습 9. 반의어 중에는 하나의 단어에 여러 개의 단어들이 대립하는 경우도 있다. 다음 단어들의 반의어를 둘 이상씩 찾아보자.

· 가다 → (　　　　　　　　　　)　　　· 벗다 → (　　　　　　　　　　)

---

③ 상하 관계

한쪽이 의미상 다른 쪽을 포함하거나 다른 쪽에 포함되는 의미 관계를 상하 관계라고 한다. 이때 포함하는 단어가 상의어, 포함되는 단어가 하의어이다. '직업'과 '작가'에서는 '직업'이 상의어, '작가'가 하의어이다. 상의어일수록 일반적이고 포괄적인 의미를 지니며, 하의어일수록 개별적이고 한정적인 의미를 지닌다.

연습 10. 단어의 상하 관계를 고려하여 다음 표의 빈칸을 채워 보자.

	공무원	
직업	작가	시인, 소설가, 화가
	예술인	

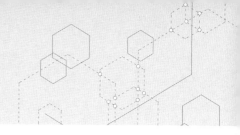

2) 문장 쓰기

글쓰기에서 문장은 독립적이고 완결된 생각을 담은 최소의 단위이다. 단어는 그 자체로 의미를 지니고 있지만 하나의 단어만으로는 완결된 생각을 담아내기 어렵다. 문장은 단어들의 결합으로 이루어지는데, 글쓰기에서 가장 기초가 되는 과정은 자기 생각을 문장으로 표현하는 단계이다. 문장들이 모여 문단을 이루고, 그 문단이 결합하여 한 편의 완결된 글을 이룬다는 점에서, 문장 쓰기는 글쓰기 과정에서 실제 쓰면서 익히는 기초 단계라 할 수 있다.

이때 문장은 선택과 결합에 따라 구성된다. 이 과정에서 문장 성분과 기본 모형, 그리고 문장의 변형과 확장의 형식 등을 익혀 두면 문장을 올바르게 쓰는 데 도움이 된다.

(1) 문장을 구성하는 성분

생각이나 감정을 완결된 내용으로 표현하는 최소의 언어 형식을 문장이라고 한다. 문장을 만들 때에는 주어와 서술어처럼 반드시 있어야 할 성분을 갖추는 것이 원칙이다. 예를 들어 '저 꽃이 매우 예쁘다.'라는 문장은 주어의 기능을 하는 '저 꽃이'와 서술어의 기능을 하는 '매우 예쁘다'로 나뉜다. 이처럼 둘 이상의 단어가 모여 하나의 단어와 동등한 기능을 하는 단위를 구라고 한다. 구는 다시 더 작은 단위인 어절로 나눌 수 있는데, 어절은 띄어 쓰는 단위와 일치한다. 예를 들어 '저 꽃이'는 '저'와 '꽃이'라는 두 어절로 나뉘고, '매우 예쁘다'는 '매우'와 '예쁘다'라는 두 어절로 나뉜다.

절은 두 개 이상의 어절이 모여 하나의 문법 단위로 기능한다는 점에서 구나 문장과 비슷하다. 그러나 주어와 서술어를 갖고 있다는 점에서 구와 구별되고, 더 큰 문장 속에 들어 있다는 점에서 문장과 구별된다. 예를 들어 다음 문장에서 '철수가 천사임'은 그 안에 주어와 서술어를 다 갖추었지만, 전체 문장의 일부분으로 쓰였으므로 문장이 아니라 절이다.

① 주어

　주어는 문장에서 동작 또는 상태나 성질의 주체를 나타낸다. 주어는 주로 단어에 '-이/-가', '-께서' 등을 붙여서 쓴다. 다음 예의 밑줄 친 부분이 주어이다.

- 철수가 도서관에 가고 없다.

연습　1. 다음에 주어진 주어를 이용하여 짧은 글을 지어 보자.

(1) 나:

⇨ _____

_____

_____

_____

(2) 돌고래:

⇨ _____

_____

_____

_____

(3) 자동차:

⇨ _____

_____

_____

_____

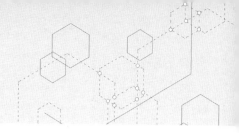

② 서술어

　서술어는 주어의 동작, 상태, 성질을 풀이하는 문장 성분이다. 문장의 맨 끝에 '-(이)다'와 결합해 쓰인다. 다음 예의 밑줄 친 부분이 서술어이다.

- 어려움에 처한 친구를 돕는 것은 나의 <u>책임이다.</u>

연습 2. 다음에 주어진 서술어를 이용하여 짧은 글을 지어 보자.

(1) 아름답다:

⇨

(2) 먹다:

⇨

(3) 되다:

⇨

③ 목적어

목적어는 서술어의 동작 대상이 되는 문장 성분으로 단어에 '-을/-를'이 결합되어 나타난다. 다음 예의 밑줄 친 부분이 목적이다.

- 나는 친구들과 매우 의미 있는 <u>계획을</u> 추진했다.

연습 3. 다음에 주어진 목적어를 이용하여 짧은 글을 지어 보자.

(1) 경험을

⇨

_____

_____

_____

_____

(2) 친구를

⇨

_____

_____

_____

_____

(3) 약속을

⇨

_____

_____

_____

_____

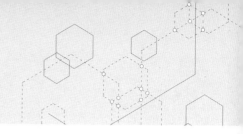

④ 보어

보어는 주어의 정보를 보충해주는 성분으로 주로 '-가'와 결합하여 쓰이며 '되다, 아니다' 등의 단어 앞에서 쓰이는 경우가 많다. 다음 예의 밑줄 친 부분이 보어이다.

- 그는 패배자가 아니다.
- 철수는 어느덧 승자가 되었다.

연습 4. 다음에 주어진 보어를 이용하여 짧은 글을 지어 보자.

(1) 선생님:

⇨

(2) 볼펜:

⇨

(3) 희망:

⇨

⑤ 관형어

'관형'은 단어의 앞에 와서 꾸민다는 뜻으로, 관형어는 그 다음에 오는 단어를 수식한다. 다음 예의 밑줄 친 부분이 관형어이다.

- 소녀는 <u>시골의</u> 풍경을 좋아한다.

연습 **5. 다음에 주어진 관형어를 이용하여 짧은 글을 지어 보자.**

(1) 학교의:

⇨

_____

_____

_____

_____

(2) 아름다운:

⇨

_____

_____

_____

_____

(3) 빠른:

⇨

_____

_____

_____

_____

⑥ 부사어

부사는 부수적인 단어라는 뜻으로 주로 다른 말을 꾸민다. 이런 점에서는 관형어와 같지만 꾸미는 대상이 다르다. 부사어는 관형어나 다른 부사어, 문장을 수식한다. 다음 예의 밑줄 친 부분이 부사어이다.

- 그는 <u>아주</u> 새사람이 되었다.
- 연이 <u>매우</u> 높이 나는구나.
- <u>과연</u> 그 아이는 똑똑하구나.

연습 6. 다음에 주어진 부사어를 이용하여 짧은 글을 지어 보자.

(1) 결코:

⇨

_____

_____

_____

(2) 비록:

⇨

_____

_____

_____

(3) 아마:

⇨

_____

_____

_____

⑦ 독립어

독립어는 문장의 어느 성분과도 직접적인 관련이 없는 문장 성분이다. 다음 예의 밑줄 친 부분이 부사어이다.

- <u>글쎄</u>, 나도 네가 잘 할 수 있을 것이라 믿고 있다.

연습 7. 다음에 주어진 독립어를 이용하여 짧은 글을 지어 보자.

(1) 에구:

⇨

_____

_____

_____

_____

(2) 철수야:

⇨

_____

_____

_____

_____

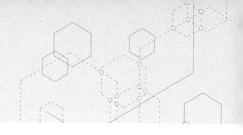

(2) 문장의 구조와 확장

문장은 간략한 정보나 복잡한 내용이 담겨있다. 주어와 서술어를 한 번씩만 써서 구성되기도 하며, 두 번 이상 사용하여 구성되기도 한다. 문장의 기본은 주어와 서술어를 한 번씩만 써서 구성된 홑문장에서 시작된다. 홑문장이 확장되어 겹문장이 되는데, 확장되는 양상이 매우 다양하다.

① 문장 속에 문장이 들어 있는 경우

문장 속에 들어가 하나의 성분처럼 쓰이는 문장을 안긴문장이라고 하며, 안긴문장을 포함한 문장을 안은문장이라고 한다. 안긴문장은 안기는 양상에 따라 명사, 관형, 부사, 서술, 인용으로 나뉜다.

안은문장과 안긴문장의 구조

안은문장	안긴문장

명사절은 명사형 어미 '-(으)ㅁ, -기'가 붙어서 만들어진다. '-(으)ㅁ, -기'는 안긴문장을 명사절로 만들어 준다.

8. 다음 문장이 자연스러운 문장이 되도록 (　　　) 안에 있는 내용을 바꾸어 보자.

- (그 일을 하다)가 쉽지 않다. ⇨
- 우리는 (그가 정당했다)을 깨달았다. ⇨
- 지금은 (집에 가다)에 이른 시간이다. ⇨

관형절은 안은문장 안에서 관형어 기능을 하는 절로서, 관형사형 어미 '-(으)ㄴ', '-는', '-(으)ㄹ', '-던'이 붙어서 만들어진다.

9. 다음 문장이 자연스러운 문장이 되도록 (　　　) 안에 있는 내용을 바꾸어 보자.

- 이 책은 (내가 읽다) 책이다. ⇨
- (몸에 좋다) 약이 입에 쓰다. ⇨

부사절은 절 전체가 부사어의 기능을 하는 것을 말하는데, 서술어를 수식하는 기능을 한다.

10. 다음 문장이 자연스러운 문장이 되도록 (　　　) 안에 있는 내용을 바꾸어 보자.

- 그는 (아는 것도 없다) 잘난 척을 한다. ⇨
- 철수는 (발에 땀이 나다) 뛰었다. ⇨

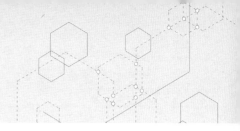

절 전체가 서술어의 기능을 하는 것을 서술절이라고 한다. 서술절을 안은문장은 한 문장에 주어가 두 개 있는 것처럼 보인다. 이때 앞에 나오는 주어를 제외한 나머지 부분이 서술절에 해당한다.

연습 **11. 다음 문장을 대상으로 아래의 활동을 해 보자.**

> • 토끼는 앞발이 <u>짧다</u>.
> • 철수는 용기가 <u>부족하다</u>.

(1) 짧은 것과 부족한 것이 무엇인지 찾아보자.

(2) 밑줄 친 서술어의 직접적인 주어가 무엇이라고 생각하는지 말해 보자.

인용절은, 다른 사람의 말을 인용한 것이 절의 형식으로 안기는 경우이다. 인용절은 주어진 문장에 인용격 조사 '고, 라고'가 붙어서 만들어진다.

연습 **12. 다음 문장이 자연스러운 문장이 되도록 (   ) 안에 알맞은 말을 넣어 보자.**

• 기환은 당황한 어조로 "<u>무슨 일이지?</u>"(   ) 말하였다.

• 우리는 <u>인간이 누구나 존귀하다</u>(   ) 믿는다.

② 이어진 문장

　이어진 문장은 홑문장 두 개가 이어지는 방법에 따라 대등하게 이어진 문장과 종속적으로 이어진 문장으로 나뉜다.

이어진 문장의 구조

문장1	+	문장2

　의미 관계가 대등한 두 홑문장이 이어진 문장을 대등하게 이어진 문장이라고 한다. 대등하게 이어진 문장에서 앞 절과 뒤 절은 나열, 대조 등의 의미 관계를 갖는다.

연습　13. 적절한 연결 어미를 활용하여 다음 두 문장을 의미 관계가 대등하도록 이어 보자.

• 낮말은 새가 듣는다. + 밤말은 쥐가 듣는다.
⇨
_____

_____

_____

• 호랑이는 죽어서 가죽을 남긴다. + 사람은 죽어서 이름을 남긴다.
⇨
_____

_____

_____

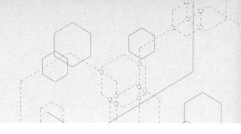

앞 절과 뒤 절의 의미가 주종 관계로 되어있는 문장을 종속적으로 이어진 문장이라고 한다. 이때 앞 절과 뒤 절을 연결하는 연결 어미 중 '-(아)서'는 원인, '-(으)면'은 조건, -(으)려고'는 의도, '-는데'는 배경, '-(으)ㄹ지라도'는 양보의 의미를 띤다.

[연습] 14. 다음 문장이 자연스러운 문장이 되도록 (   ) 안에 있는 내용을 바꾸어 보자.

- (비가 오다), 길이 질다.

⇨

_____

_____

_____

_____

- (한라산 등반을 하다), 우리는 아침 일찍 일어났다.

⇨

_____

_____

_____

_____

- (비가 오다), 우리는 계획대로 출발한다.

⇨

_____

_____

_____

_____

3) 단락 쓰기

단락은 하나의 소주제문(중심문장)과 그 소주제를 뒷받침하는 문장들로 이루어진다. 예를 들어 우리가 'SNS의 문제점'에 대해 글을 쓰려고 한다면, 중요하다고 생각되는 문제점 중의 하나, "SNS는 보안에 취약하다"를 소주제문으로 쓰면 된다. 그리고 SNS가 보안에 취약하다는 것을 드러낼 수 있는 설명이나 예시 등을 뒷받침 문장으로 덧붙이면 단락이 완성된다. 필요한 경우에는 소결론을 써서 문단을 마무리할 수도 있다.

소주제문(중심문장)을 작성한다. ------------------ 필수
소주제문을 뒷받침하는 문장을 전개한다. ------------ 필수
소결론(마무리 문장)을 쓴다. -------------------- 선택

　⊙우선 SNS의 가장 큰 문제점은 '보안성'이다. ⓛ누구나 내 글을 볼 수 있고, 퍼갈 수 있다. ⓒ 러시아 병사가 SNS에 별 생각 없이 쓴 글 때문에 러시아의 우크라이나 내전 개입 계획이 밝혀진 사건이 있었고, 본인 집을 비운다고 글을 올렸다 도둑에게 집을 털린 사건도 있었다. ⓔ이런 취약한 보안성에 미국 CIA도 깜짝 놀랐다고 하며, 미 국가 안전보장국(NSA)에서는 이런 점을 일찌감치 간파하여 SNS의 기록들을 감시하고 활용한다고 한다.

-학생의 글

위 단락의 중심문장은 ⊙이다. ⓛ, ⓒ, ⓔ은 주제문 "⊙SNS의 가장 큰 문제점은 '보안성'이다."를 보충하는 뒷받침 문장들이다. 왜 보안성이 문제인지를 설명하거나 논증, 예시하는 글들을 뒷받침 문장으로 쓸 수 있다. 중요한 것은 이 뒷받침 문장들은 항상 주제문과 긴밀하게 연결되어야 한다는 것이다.

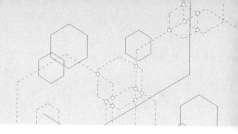

연습 1 다음 문장을 소주제문으로 하나의 단락을 만들어 보자.

1. 나는 좋은 사람이다.

_____

_____

_____

_____

_____

_____

2. 사랑은 움직이는 것이다.

_____

_____

_____

_____

_____

_____

3. 때로는 휴식이 필요하다.

_____

_____

_____

_____

_____

_____

(1) 단락 구성

단락은 여러 문장이 모여 하나의 주제를 드러낸다는 점에서 문장들 간의 연결관계가 매우 중요하다. ① 통일성 ② 완결성 ③ 일관성이 있는 단락을 만들지 못하면 좋은글을 쓸 수 없다.

① 통일성

단락이란 여러 개의 문장들을 모아 하나의 중심 생각을 표현하는 것이다. 이 때, 여러 개의 문장들은 그 단락의 중심문장(소주제문)으로 집중되어야 한다. 다시 말해 모든 문장이 주제를 벗어나지 않아야 한다. 한 단락에 두 개 이상의 주제문이 들어있거나 주제와 관계없는 내용이 들어 있다면 글의 통일성이 깨진다.

ㄱ통일은 점진적으로 이루어져야 한다. ㄴ통일은 우리의 이상이다. 그러나 분단된 지 50년도 더 넘은 현실도 충분히 고려해야 한다. ㄷ 우리나라는 월남전에도 참전했다. ㄹ통일은 시간을 충분히 두고 남북한이 정치, 문화적으로 더 가까워진 다음에 시도하는 것이 좋다.

이 단락의 주제문은 ㄱ "통일은 점진적으로 이루어져야 한다"이다. ㄴ, ㄷ, ㄹ은 뒷받침 문장인데, 그 중 ㄷ "우리나라는 월남전에도 참전했다."는 문장은 주제문과 전혀 호응되지 못한 채, 단락의 통일성을 망가트린 문장이다. 이런 문장은 차라리 안 쓰는 것이 낫다.

〈통일성이 없는 단락〉
1. 한 단락에 두 개 이상의 주제문이 들어 있는 글
2. 주제에서 벗어난 내용이 들어 있는 글
3. 서로 모순되는 문장으로 이루어진 글

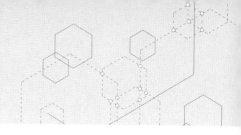

② 완결성

하나의 단락이 완성되기 위해서는 제시된 주제가 완전히 설명되어야 한다. 문제를 제기하고 설명이 부족하면 완결성을 갖추지 못한 단락이 된다. 따라서 어떤 단락이든 소주제문(중심문장)이 있으면 뒷받침 문장으로 그 주제를 충분히 설명해 주어야 한다.

고등학생 때 나는 ㉠ 내 인생에서 가장 중요한 일을 경험했다. ㉡ 기말시험을 마치고 마음이 들떠 야간 자율학습도 빼먹고 친구들과 함께 시내로 나갔다. ㉢ 때마침 시내는 많은 학생들이 나와 있었다. ㉢ 저쪽에 아는 동네 형이 친구들과 함께 담배를 피우고 있었다. ㉣ 그날 이후, 나는 다시는 수업을 빼먹지 않겠다고 다짐했다.

이 단락의 중심 문장은 "㉠ 내 인생에서 가장 중요한 일을 경험했다."이다. 그러나 뒷받침 문장(㉡, ㉢, ㉣)은 이 중심문장을 충분히 설명해 주지를 못하고 있다. 아무리 읽어도 "내 인생에서 가장 중요한 일"이 무엇인지에 대한 구체적인 언급이 없기 때문이다. 이런 글을 완결되지 못한 단락이라고 한다.

〈완결성을 갖추지 못한 단락〉

1. 주제를 충분히 설명하지 못한 글
2. 같은 내용이 반복되거나 엉뚱한 내용이 제시되는 글
3. 원인이나 결과가 논리적으로 제시되지 않은 글

③ 긴밀성

각 단락은 문장과 문장 사이가 자연스럽고 긴밀하게 연결되어야 한다. 그러기 위해서 다음과 같은 방법을 사용하는 것이 좋다. ① 접속어 사용 ② 지시어 사용 ③ 동일어구 반복

정신분석학에서 정신은 크게 세 가지로 분류된다. 초자아와 자아(이성) 그리고 본능이다. '이' 정신의 구분 방식은 그리스의 철학에서부터 기인하는데 '이'는 '그 사회' 및 '그 사회'의 구성원들의 일반적인 세계관(천상 / 지상 / 지하)과 깊은 연관이 있다. 슈퍼에고는 천상의 정신에, 이성은 지상의 정신에, 본능은 지하의 정신에 대응한다. <u>이처럼</u> 우리의 생각은 스스로 깨닫지 못하는 사이에 집단적인 세계관의 영향을 받는다. <u>그러나</u> '이'를 의식하며 사는 사람은 없다.

위 단락은 '그러나'와 같은 접속어와 '이', '그'와 같은 지시어를 사용하고 '정신'이라는 단어를 반복적으로 사용하고 있다. 이를 통해 각각의 문장들을 논리적으로 긴밀하게 연결하려 시도하는 것이다. 물론 '이, 그, 저'와 같은 지시어를 너무 많이 사용하면 지시 관계가 불명확해지는 경우가 있으니 주의해야 한다.

연습 2 다음 밑줄 친 부분을 분명한 의미가 되도록 고쳐 써보자.

정신분석학에서 정신은 크게 세 가지로 분류된다. 초자아와 이성 그리고 본능이다. <u>1) '이' 정신의 구분 방식</u>은 그리스의 철학에서부터 기인하는데 '이'는 <u>2) '그 사회'</u> 및 '그 사회'의 구성원들의 일반적인 세계관(천상 / 지상 / 지하)과 깊은 연관이 있다.

1. _____

2. _____

(2) 단락 전개

단락은 일정한 기준을 세워 그 기준을 따라 전개하는 것이 좋다. 예를 들어 하루 일과를 정리할 때나 기행문을 쓸 때에는, 시간이나 공간의 순서대로 단락을 전개하면 짜임새 있는 글이 된다.

> 버스는 무진 읍내로 들어서고 있었다. 기와지붕들도 양철 지붕들도 초가지붕들도 유월 하순의 강렬한 햇볕을 받고 모두 은빛으로 번쩍이고 있었다. 철공소에서 들리는 쇠망치 두드리는 소리가 잠깐 버스로 달려들었다가 물러났다. 어디선지 분뇨 냄새가 새어 들어왔고 병원 앞을 지날 때는 크레졸 냄새가 났고, 어느 상점의 스피커에서는 느려빠진 유행가가 흘러나왔다. 거리는 텅 비어 있었고 사람들은 처마 끝의 그늘에 쭈그리고 앉아 있었다. 어린 아이들은 발가벗고 기우뚱거리며 그늘 속을 걸어 다니고 있었다. 읍의 포장된 광장도 거의 텅 비어 있었다. 햇볕만이 눈부시게 그 광장 위에서 끓고 있었고 그 눈부신 햇볕 속에서, 정적 속에서 개 두 마리가 혀를 빼물고 교미를 하고 있었다.
>
> ―김승옥 "무진기행"

단락을 전개하는 방법은 다양하다. 단순한 것에서 복잡한 것으로 전개할 수 있고 원인에서 결과 순서로 써도 되며, 주장을 먼저하고 다음에 근거 제시를 하는 단락을 전개할 수도 있다. 또는 중요한 것을 먼저 제시하고 중요하지 않은 것을 나중에 제시해도 된다.

단순 ↔ 복잡   원인 ↔ 결과
부분 ↔ 전체   소수 ↔ 다수
추상 ↔ 구체   주장 ↔ 근거

이렇게 단락을 전개하면 글을 전개하기 쉬울 뿐만 아니라 읽기도 편하다. 게다가 글의 일관성이나 통일성, 완결성을 유지하는 데 매우 유용하다. 전개 순서를 바꿔 쓰는 것은 문제가 안 된다. 경우에 따라 복잡한 것을 먼저 쓰고 단순한 것을 쓰거나, 결과를 먼저 제시하고 나중에 원인을 제시하는 것도 얼마든지 가능하다.

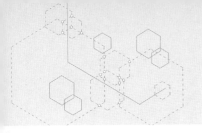

연습 3 다음 그림을 근거로 문단을 전개해 보자.

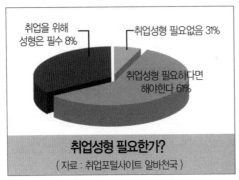

1. 퍼센트 순으로 정리:

2. 결과 – 원인 순서로 정리:

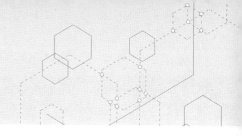

(3) 단락 연결

글은 여러 개의 단락이 모여 완성된다. 이 때, 각각의 단락이 어떻게 연결되느냐는 매우 중요하다. 단락들이 어떻게 결합하느냐에 따라 글의 완성도가 달라지기 때문이다.

단락을 연결하는 가장 좋은 방법은 개요를 중심으로 단락을 전개하는 것이다. 개요의 '화제'나 '주제문'의 순서대로 단락으로 만들어 연결하면 쉽게 전체 글을 완성할 수 있다. 예를 들어 SNS의 단점에 대해 다음과 같은 개요를 작성했다면 아래 1), 2), 3)의 순서대로 단락을 만들어 연결하면 된다. 개요를 충실하게 작성한 경우, 글의 일관성이나 통일성, 완결성은 저절로 확보된다.

1) SNS는 보안에 취약하다.

2) SNS는 중독성이 강하다.

3) SNS는 정보의 양극화를 부추긴다.

'SNS의 단점'에 대한 소주제문 1) 단락에 이어 2), 3) 단락을 연결하면 다음과 같은 글이 된다.

> 첫째, SNS의 가장 큰 문제점은 '보안성'이다. 누구나 내 글을 볼 수 있고, 퍼갈 수 있다. 러시아 병사가 SNS에 별 생각 없이 쓴 글 때문에 러시아의 우크라이나 내전 개입 계획이 밝혀진 사건이 있었고, 본인 집을 비운다고 글을 올렸다 도둑에게 집을 털린 사건도 있었다. 이런 취약한 보안성에 미국 CIA도 깜짝 놀랐다고 하며, 미 국가 안전보장국(NSA)에서는 이런 점을 일찌감치 간파하여 SNS의 기록들을 감시하고 활용한다고 한다.
>
> 둘째, SNS는 중독성의 문제가 있다. 인간은 기본적으로 자기 자신을 사랑한다. 그리고 남들에게도 사랑을 받길 원한다. 나의 일상과 생활을 남들에게 보여주고, 좋은 반응을 얻고, 인터넷 상에서의 인간관계 맺기를 계속하다 보면 남들의 관심을 갈구하게 되고, 이는 허영심을 불러일으킨다. 이렇게 생긴 허영 덕에 여러 문제가 생기는데, 현실에서의 인간관계를 두려워하고 SNS상에서의 인간관계에 집착하게 되는 것이다. 현실과 가상의 차이를 구분하지도 못하게 되고, 자연스레 핸드폰에만 집착하게 되는데, 이는 게임 중독과 마찬가지로 신체적·정신적·사회적 피해를 야기한다."
>
> 마지막으로 불분명한 정보의 빠른 확산이다. 가짜 뉴스, 유언비어 등이 확대 및 재생산되며 사회적 불안을 가중시키는 경우가 있다. 2018년 인터넷상에 '[단독]우리은행 30억원 대북송금 정황 드러나'라는 제목으로 글이 올라와 무분별하게 유포되었다. 우리은행 측의 게시물 삭제 요청에도 불구하고 계속된 유언비어 확산으로 기업평판 및 기업가치 훼손이 우려됨에 따라 형사고소를 진행했다고 한다. 특히 연예인, 정치인 등 유명인들은 '카더라 통신' 방식의 명예훼손이 심각해 심각한 피해를 입고 있다.
>
> -학생의 글

다음을 각각 소주제로 하여 네 단락의 글을 완성해 보자.

1. 내가 원하는 미래의 모습
2. 내가 원하는 것을 이루기 위해 내가 해야 할 일
3. 나의 부족한 점
4. 개선방법

다음 이야기 중간에 들어갈 사건을 만들어 보자.

　조선 중기에 이징이란 화가가 있었다. 그는 어려서부터 그림 그리기를 좋아했다. 그의 아버지 이
경윤도 이름이 알려진 화가였다. 그렇지만 그림을 잘 그려도 천한 대접만 받았으므로 아들이 그림
그리는 것을 달가워하지 않았다. 그림이 너무 그리고 싶었던 이징은 몰래 집 다락에 숨어서 그림을
그렸다. 집에서는 갑자기 아이가 없어졌기 때문에 큰 소동이 일어났다. 온 동네를 다 찾아다녔지만
아이를 찾을 수가 없었다. 가족들은 사흘 만에 다락방에서 그림을 그리고 있는 소년을 찾아냈다. 아
버지는 너무도 화가 나서 볼기를 때렸다.

_____

_____

_____

_____

_____

_____

_____

_____

_____

　그는 조선 중기 최고의 화가로 성장했으며, 인조의 총애를 받아 궁궐에 들어가 인조가 원하는 그
림을 그려주었다.

-『정민 선생님이 들려주는 한시 이야기』

5. 고쳐 쓰기

 사람은 실수를 한다. 누구나 어린 시절에 해서는 안 될 말을 해서 혼난 적이 있거나 재미있는 얘기를 한다고 했는데 상대방의 반응이 안 좋아 주제를 바꾼 경험이 있을 것이다. 누구나 한 번쯤은 사랑을 고백했다가 거절을 당한 아픈 기억도 있지 않은가?

 사랑에 성공하기를 원한다면 과감한 수정 및 보완 과정을 거쳐야 한다. 용기가 없었다면 자신감을 키워야 하고 감동을 주는 말을 하지 못했다면 이번에는 진심을 담아 제대로 준비해야 한다. 어디서 무엇이 잘못되었는지를 점검하고 고칠 수 있어야 똑같은 실패를 반복하지 않을 수 있다. 수정과 보완을 똑바로 해야 언젠가는 진정한 사랑을 할 수 있을 것이다.

 글쓰기도 마찬가지이다. 한 번에 글을 완벽하게 완성하는 사람은 없다. 대학에 와서 다시 배워야 할 정도로 글쓰기는 어렵다. 게다가 글은 띄어쓰기 맞춤법까지 지켜야 한다. '아'다르고 '어'다르다는 말처럼 단어 하나, 조사 하나가 글의 의미를 뒤집어 놓기도 한다. 모든 문장을 다 빠짐없이 점검해야 마음에 맞는 글을 쓸 수 있다는 말이다. 그래서 우리는 글을 완성할 때까지 계속 문장을 살피고 고치는 훈련을 해야 한다.

1) 고쳐 쓰기의 원칙

 고쳐 쓰기는 완성한 글을 다시 읽으면서 검토하고 수정하는 단계를 말한다. 이 때 다음 원칙을 적용해서 글을 살피는 것이 좋다.

 (1) **부가의 원칙** : 부족한 부분을 찾아서 보충, 보강한다.

 (2) **삭제의 원칙** : 불필요한 부분을 찾아서 삭제한다.

 (3) **구성의 원칙** : 문장, 문단의 구성을 살펴 논리적으로 재배열한다.

 부가의 원칙은 주제가 분명하게 부각되었는지 살펴 부족한 부분을 채워 넣는 것이다. 옛날에 '전쟁하러 갔는데 전쟁터에 가보니까 총을 안가지고 왔더라'는 우스갯소리가 있다. 주장하는 바가 충분히 드러나지 않았다면 글에서 가장 중요한 것이 빠진 것이다. 주제가 잘 드러나도록 고쳐야 한다.

 삭제의 원칙은 중복되거나 연관성이 적은 내용을 찾아 삭제하는 것이다. 글을 고칠 때, 중복되는 내용은 비교적 찾아내기 쉽다. 하지만 연관성이 적은 경우는 찾아 고치기가 힘들다. 왜냐하면 사람

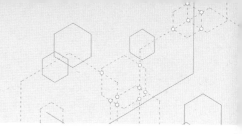

들은 대부분 자기 생각에 갇혀 자기가 쓴 글은 다 연관이 되는 것처럼 느끼기 때문이다. 이 때, 다른 사람의 시각으로 자기 글을 보는 것이 매우 중요하다. 가능하면 다른 사람에게 자기 글을 고쳐 달라고 부탁하는 것이 좋다.

마지막으로 구성의 원칙은 문장이나 단락을 주제에 맞게 배열하는 것이다. 문장의 주술관계를 확인하고 단락이 주제의 흐름에 맞게 시간 순서대로, 공간 순서대로, 단순한 것에서 복잡한 것으로, 원인에서 결과 등으로 잘 배치되었는지 점검해서 고치면 된다. 소주제문(중심문장)을 앞에 제시할지 뒤에 제시할지를 따져보는 것도 여기서 할 일이다.

2) 기타, 글을 고칠 때 체크할 항목

① 주제 선택이 적절한가?

② 주제는 분명히 부각되었는가?

③ 이해하기 쉬운가(쉬운 문장으로 썼는가?)

   ㉠ 어순이 자연스러운가?

   ㉡ 표현이 정중한가?

④ 내용이 주제에 잘 수렴되고 있는가?

⑤ 소제목들은 적절한가?

⑥ 단락 접속이 긴밀한가?

   ㉠ 단락이 적절하게 나누어졌는가?

   ㉡ 글의 목적과 관계없는 단락은 없는가?

   ㉢ 각 단락에 소주제문, 뒷받침 문장 이외의 불필요한 문장은 없는가?

⑦ 논리적으로 전개되고 있는가?

   ㉠ 글 전체의 주장, 의견이 무엇인가?

   ㉡ 그것을 지지하는 근거는 무엇인가?

⑧ 단어 선택이 적절한가(정확하고 구체적이고 명료한 단어 사용 여부)?

   ㉠ 문장의 주제가 잘 전달되는가?

   ㉡ 한 문장이 너무 길지는 않은가?

   ㉢ 쓸데없는 표현이 끼어들지는 않았는가?

ⓔ 지시 대상이 불분명한 대명사는 없는가?

ⓜ 처음 사용하는 전문용어나 특수어에 대한 설명이 있는가?

⑨ 표현이 다양하고 풍부한가?

　　ⓐ 적절한 비유를 사용했는가?

　　ⓑ 예가 적절한가?

　　ⓒ 좀 더 구체적으로 표현할 수 있는가?

⑩ 정서법에 맞는가?

⑪ 읽기에 편한가?

　　ⓐ 레이아웃이 잘 되었는가?

　　ⓑ 자간, 행간은 적절한가?

　　ⓒ 단락을 보기 쉽게 구분했는가?

3) 교정부호

교정부호	이름	사용하는 상황 설명	적용 예시
∨	띄움표	띄어 써야 할 곳을 붙여 썼을 때	띄어쓰기
～	넣음표	글자나 부호가 빠졌을 때	언제나
∨	부호 넣음표	밑에 찍는 문장 부호를 넣을 때	책상 탁자, 칠판
⌐	줄 바꿈표	한 줄로 된 것을 두 줄로 바꿀 때	문단 끝. 다음 문단
✕	줄 비움표	줄 사이에 빈 줄 하나를 추가할 때	아래에다가. 빈줄 하나만.
⌒	고침표	틀린 글자나 내용을 바꿀 때	매론, 워터멜론
℘	뺌표	필요 없는 글자를 없앨 때	봄이이 오오오면
＝	지움표	필요 없는 내용을 지울 때	너무 너무 나쁘다.
⌒	붙임표	붙여야 할 곳이 떨어져 있을 때	붙여 주세요.
〔〕	줄 붙임표	줄과 줄 사이의 빈 줄을 없앨 때	필요없는 줄을 붙입시다.

⊏	줄 이음표	두 줄로 나뉜 것을 한 줄로 이을 때	한 줄로↩ 이어주세요.
∽	자리 바꿈표	글자, 단어의 앞뒤 순서를 바꿀 때	내린⟋어제
⊐	줄 서로 바꿈표	윗줄과 아랫줄을 서로 바꿀 때	두 번째 줄 첫 번째 줄 세 번째 줄
⊏	오른 자리 옮김표	원하는 만큼 오른쪽으로 옮길 때	들여쓰기
⊐	왼 자리 옮김표	원하는 만큼 왼쪽으로 옮길 때	내어쓰기

4) 교정부호 사용 예

미국언론에 한국은 중국과 함께 인터넷에서 표현의 자유를 억압하는 나라 중 하나로 소개되고 있다. 〈워싱턴포스트〉, ~~〈조선일보〉~~, 〈인포메이션 위크〉, 〈ZD Net〉, 〈CNet〉 등 미국 언론들은 최근 한국의 정부가 정보통신망법 개정을 통해 하루 이용자가 10만 명 이상인 인터넷 사이트는 반드시 이용자의 개인 신상 정보를 등록하도록 의무화하는 인터넷 실명제(제한적 본인 확인제)를 실시하기로 했다고 보도하면서, 이는 인터넷 이용자들의 표현의 자유를 옥죄는 조치라고 비판하고 나섰다.

특히 이들은 한국 정부가 인터넷 실명제에 따라 세계 최대 인터넷 검색 엔진인 구글(Google)과 UCC 동영상 사이트인 유튜브(YouTube)에 세계 최초로 사이트 이용자들의 개인 정보를 등록 하도록 요구했다는 소식을 전하면서↩

한국을 중국과 함께 아시아에서 인터넷 검열을 시행하는 나라 중 하나로 소개했다. 잘 알려져 있다시피 중국은 인터넷 세계적으로 검열이 가장 심한 나라 중 하나다.

-최진봉, 텍사스주립대 교수

다음 글을 읽고 마지막 "   "에 들어갈 말을 표현해 보자.

> 넌 할 수 있어.
> 사람들이 말했습니다.
>
> 용기를 내야 해.
> 사람들이 말했습니다.
>
> 그래서 나는 용기를 내었습니다.
> 용기를 내서 이렇게 말했습니다.
>
> "   "

다음 글을 교정부호를 사용해서 고쳐 보라.

> 요즘 시대에는 공부의 필요성이 점점 미흡해지고 있는 추세이다. 꼭 공부를 잘하지 않더라도 자신이 잘하는 재능을 살려서 예체능이나 미용, 기술직등으로 꿈을 키워나가는 일은 이제 내 주변에서도 흔히 볼 수 있는 사례가 되었다. 하지만 그것은 아직까지는 소수에 해당하는 일이고 나를 포함한 대부분의 학생들은 자신의 꿈을 구체화시키기 위해서, 즉 대학교에 가기위해서 열심히 성적을 쌓고 스펙을 만든다. 그 이유는, 공부 이외에 다른 길을 택하는 것은 어느정도의 위험요소를 감지하는 것이고 학생의 본분에서 제일 쉬운 선택은 펜을 잡고 주어진 것에 최선을 다하는 것이라고 생각하기 때문이다.
>
> 누군가 나에게 행복은 성적순인가 라고 물어본다면 나는 당연히 YES라고 대답할 것이다. 내가 그렇게 생각하는 근거를 총 2가지로 나눠보았다.
>
> 첫 번째, 아직까지 사회는 그 사람의 내면보다는 '성적'이라는 1차 문턱이 존재한다.

우리가 고등학교 때 열심히 공부했던 이유의 끝에는 대학진학이 있다. 대학교에 진학하기 위해서는 제일 먼저 성적이 중요하다. 대학교에 들어가서도 우리는 취업을 위해서 열심히 학점을 쌓는다. 요즘 시대에는 사람의 "인성"이 중요하다고 강조하지만 실제적으로는 성적으로 걸러진다. 그걸 막기 위해서 '블라인드 채용'이라는 것이 생겨나게 되었는데 결국 일의 효율을 높이는 것은 그 사람의 인성이 아닌 머리싸움이라고 생각하기 때문이다.

두 번째, 성공할 수 있는 가장 쉬운 길이라고 생각한다.

어떤 누가 더울 때 더운데서 일하고, 추울 때 추운데서 일하고 싶겠는가? 공부는 다르다. 더울때나 추울때나 가만히 앉아서 펜을 잡고 있으면 된다. 우리는 그 순간이 하기 싫고 귀찮아서 중요한 시기를 놓치지만 돌아와서 생각해보면 공부만큼 쉬운 것이 없다고 생각한다. 그래서 열심히 하면 성적도 높아지고 그 성적에 맞는 선택할 수 있는 폭이 넓어진다고 생각하기에 성공할 수 있는 가장 쉬운 길이라고 생각한다.

지금도 많은 사람들이 공부와 그 외 다른길, 두가지 갈림길에서 많은 고민을 하고 있을 것이다. 진정으로 자신이 앞으로의 생각과 확신이 있는 사람들에게는 확실하게 말할 수 있다. 너 하고싶은 데로 하라고. 하지만 단지 공부를 하기 싫어서 , 다른 쪽으로 빠질 생각을 하고 있는 사람들에게는 극구 말리고 싶다. 공부가 제일 쉬운 것이라는 것을!

-학생의 글

연습문제 3

'단락 쓰기' [연습문제 1]에서 쓴 글을 서로 교환하여 고쳐 보자.

제3장

글쓰기 연습

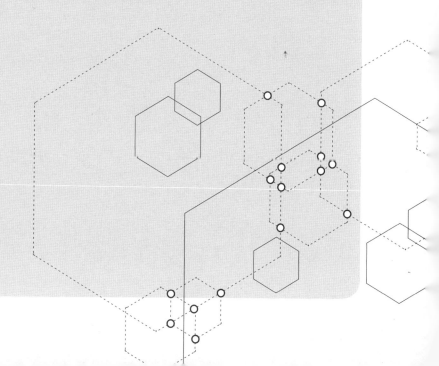

제3장 글쓰기 연습

　글쓰기에 대한 이론을 바탕으로 지식을 쌓고 구성 단계별로 실습을 해도 막상 글을 쓰기란 쉬운 일이 아니다. 따라서 본 장에서는 분야별로 마련된 글쓰기의 실제에 들어가기 전에 자유롭게 글을 완성하는 기회를 가져보고자 한다.

　대학의 글쓰기 교육은 아주 빠르게 변하고 있다. 학생의 수요를 충족시키고 글쓰기에 대한 인식 변화에 부응하기 위함이다. 학생들은 보고서나 논문과 같이 학술적 차원의 글쓰기를 넘어 다양한 분야에서 글쓰기와 관련된 교육을 원하고 있다. 대학생들은 연구 활동의 결과를 효과적으로 나타내고 취업과 같은 실용적인 성취에서 우위를 점하기 위해 글쓰기에 관심을 보이고 있다. 그렇지만 막상 글을 쓰기 위해 지면을 마주하면 좀처럼 글이 시작되거나 흡족히 전개되지 않는다. 본 장에서는 이러한 두려움과 부담감을 완화하여 앞 장에서 학습한 글쓰기 이론 부분과 다음 장에서 학습할 글쓰기 실제 부분의 중간단계로 연습의 기회를 갖고자 한다.

1. 수수께끼 형식 글쓰기 개요

글쓰기에서 무엇보다 중요한 것은 두려움을 없애는 것이다. 두려움을 없애는 것은 글 쓰는 환경에 자주 노출되고 글을 쓰는 것이 낯선 활동이 아닌 자연스런 경험이 되도록 하는 것이다. 그래서 글을 쓰는 것은 쉬운 내용부터, 친근한 방식부터 시작하는 것도 하나의 방법이 될 수 있다. 수수께끼 방식을 활용한 글쓰기는 이런 점에서 글쓰기 연습 단계에서 유용하게 쓰일 수 있는 방법이다.

수수께끼의 묘미는 흥미에 있다. 수수께끼를 고안하는 사람은 만들면서 흥미를 느낄 것이며, 문제를 해결해야 하는 사람은 주의를 집중하며 정답을 알아내는 재미가 있다. 문제를 출제하는 원리는 매우 간단하다. 우선 설명의 대상을 정한다. 이때 대상을 정하는 것에서부터 신중을 기해야 한다. 글쓰기에서 글감을 선택하는 순간 글의 성패가 결정되는 것과 닮아있다. 이를 통해 글감의 취사선택에서 부터 안목을 기르는 것이 매우 중요함을 배울 수 있을것이다.

생각을 깊게 하지 않으면 좋은 글이 나오지 못한다. 수수께끼 방식의 글쓰기는 특히 이 사실을 정확히 깨우쳐준다. 대상을 떠올리면 쉽게 도출되는 것은 무엇보다 생김새이다. 생각의 깊이가 얕은 학생들은 대개가 우선 그 생김새를 중심으로 대상을 서술한다. 문제는 생김새에서 시작하여 생김새로 끝난다는 것이다. 글이 단조롭고 밋밋하지 않을 수 없다. 아래의 글은 이러한 예를 보여준다.

이것은 길쭉한 몸매에 모자를 푹 눌러 쓰고 있습니다. 모자의 색은 몸의 색과 같습니다. 모나거나 세모난 것은 없으며 대부분 원통형으로 되어있고, 모자의 모양 또한 그렇습니다. 다만 크기에 차이가 납니다. 옷 안에 이것은 때로는 하얗고, 파란색일 때도 있고, 초록색, 핑크색, 빨간색, 여러 가지의 몸을 가지고 있습니다. 그러나 이것이 사용되기 시작하면 공통적으로 하얀 거품으로 변해갑니다. 솔 모양으로 생긴 이것과 단짝인 친구에 의해 하얀 거품이 만들어지는 것입니다.

-학생의 글-

윗글은 '치약'을 대상으로 삼은 글인데, 생김새라는 범주에만 머무르고 있기에 매우 단조롭다. '이것이 없던 시절에 소금으로 대신했던 것', '이것을 자주 사용하지 않으면 의사를 자주 만나야 한다는 것'처럼, 생김새를 벗어나 대상에서 파생되는 다양한 생각을 담아내지 못하고 있다.

또는 단순히 사실적인 정보만으로 글을 쓰는 경우도 있는데, 이런 경우는 수수께끼가 아니라 시사상식문제라 할 수 있다. 다음의 글은 이러한 단면을 보여주는 예이다.

이것은 과거에 선교사가 우리나라에 처음 들어왔습니다. 미국은 120년이 넘는 역사를 가지고 있고, 옆 나라 일본은 70년, 우리는 30년 정도의 역사를 가지고 있습니다. 흙과 잔디가 깔려있는 넓은 곳에서 여럿이 모여 함께 할 수 있습니다. 108개의 상처가 있는 실밥으로 꿰매져있는 공과 균형이 맞지 않는 방망이로 함께 할 수 있습니다.

-학생의 글-

윗글은 야구를 소재로 하여 글을 쓴 것이다. 대체로 야구에 대한 사실적인 정보만을 제시하였다. 야구에 대한 일반적인 설명문에 지나지 않는 글이 되었다.

수수께끼로 글을 쓰게 하면 주로 주변에서 쉽게 볼 수 있는 소재를 선택하는 경향이 짙다. 시계나 거울이 대표적이다. 또한 하루에 몇 번 이상은 반드시 사용하는, 일상생활에 필요한 물품을 선택하기도 한다. 칫솔과 비누 등을 선택한 경우이다. 와이파이와 같이 눈에 보이지는 않지만 최신 통신 개념을 선택한 경우도 많다. 단골 소재는 스마트폰이다. 스마트폰의 기능이 다양화되고 개인의 삶에 매우 근접해 있으며 밀착도가 높기 때문이다. 반면 이태리타월이나 변기같이 사소하거나 언급하기 꺼려하는 대상, 테트리스나 포켓몬과 같은 게임을 선택한 경우도 있는데, 희소적인 가치에 호소하려는 의도에서였다.

2. 정보의 기록과 분류

소재가 선정되면 대상에서 연상되는 다양한 정보를 적는다. 대상에 대한 정보는 여러 범주로 분류하여 기록한다. 무엇보다 쉽게 접근할 수 있는 것이 대상의 생김새이다. 생김새는 다시 모양과 색깔로 구분한다. 모양은 사실적인 모양과 그 모양에서 유추할 수 있는 비유적인 형태로 발전시킨다. 역사적 흐름 속에 변화해온 모양을 단계적으로 기록한다. 색은 일반적인 부분과 특수한 부분으로 나누고 상황에 따라 변화하는 점을 잘 포착하도록 한다.

다음으로는 대상에 대한 정보이다. 이 항목에는 대상의 시작과 용도 및 작동 방식에 대한 특징이 기록된다. 대상의 시작은 '어떻게' 또는 '왜' 생겨났는지 적는다. 발명품의 경우 발병자의 이름을 추가하기도 한다. 이태리타월의 경우 발명자를 거론하며 '저의 아버지는 한국인 김필곤 씨입니다'로 적기도 한다. 용도는, 사용하는 대상과 쓰이는 환경 및 함께 쓰이는 대상 또한 기록한다. 아울러 이 대상이 없을 때 발생할 수 있는 문제나 아쉬운 점을 적도록 한다. 샴푸의 경우, '스님들은 이것을 사용할 일이 없다' 등, 대상이 사용되지 않는 경우도 적도록 한다.

마지막으로는 대상과 관련된 기타 사항을 적는다. 이때는 앞에서 기록하지 못한 내용이 모두 포함된다. 특히 대상과 함께 연상할 수 있는 내용으로 매우 먼 거리에 있는 교집합을 찾아낸다. 김밥에 대해서는 '천국에서 먹을 수 있는 것'이라 하여 김밥 브랜드 가운데 대표적인 명칭을 활용하였다. 이러한 방식을 커피의 경우, '별을 찾아가는 것을 좋아하는데, 수준 있다고 생각해서이다' 등을 기록하여 역시 대표 브랜드와 연결하도록 하였다.

더 나아가 전혀 관련이 없으나 추상적으로 관련지을 수 있는 내용을 찾도록 한다. 마네킹의 경우 '지갑을 여는 힘이 있다' 등의 내용을 기록한다. 이 과정을 통해 글을 쓰기 위해 얼마나 많은 생각을 하고 순간순간 스치는 생각을 메모해야 하는지 깨달을 수 있다. 학생들은 자기도 모르게 생각을 깊게 하는 연습을 하는 것이다.

3. 정보의 구성과 조직

단순한 나열보다는 짜임새 있는 구성이라면 더욱 수준 높은 글쓰기가 된다. 대상에 대한 정보를, 하나의 스토리 라인을 형성하여 배치한다면 완결성이 높아진다. 문제를 푸는 사람들에게도, 어렵더라도 생각하고 고민한 보람이 있게 만들 수 있는 것이다. 아래의 글은 이런 점을 잘 살린 예이다.

　나는 사람들이 나의 등을 건드리면 짧은 비명을 질러대요. 하지만 비명을 질러도 계속해서 절 건드려요. 나는 항상 엎드려 웅크리고 지내요. 평생을 이렇게 지내는데 그래도 뭐 딱히 불편함 없이 지내죠. 사람들은 이런 내가 불쌍한지 내 밑에 매트를 하나 깔아주는데 거기서 전 상처입지 않고 편히 지내요. 나는 사람들의 심심함을 달래주는 데 꼭 필요한 것이기도 해요. 나를 건드리며 사람들은 시간을 때우기도 하죠. 이렇게 필요한 존재인 내가 어디 달아나면 되겠어요? 그래서 사람들은 날 도망 못 가도록 묶어 놓아요. 근데 딱히 난 달아날 능력도 없고 그러고 싶지도 않아요. 매트위에서의 삶에 만족하거든요.

-학생의 글 -

'마우스'를 대상으로 쓴 글이다. '비명', '웅크림', '매트', '묶어놓기' 순서로 서술하면서 정보를 순차적으로 노출하고 있다. 마우스와 관련된 결정적인 정보인, 컴퓨터와 관련된 언급, 쥐와 관련된 설명을 숨김으로써 긴장감을 획득하고 있다. 그렇다고 만든 이만 알 수 있는, 이른바 풀 수 없는 수수께끼도 아니다. 마우스가 놓인 매트, 컴퓨터와 연결된 선을 중심에 두고 서술하였다. 그리고 이 두 개념이 연결되어 도망가는 것을 우려하는 '끈'과 도망가고 싶지 않은 상황이 되는 '매트'가 글 전체의 맥락을 형성하고 있다. 이러한 짜임새와 맥락의 형성은 단순한 나열에서 볼 수 없는 흥미를 형성한다.

4. 수수께끼 놀이와 고쳐 쓰기

　글이 완성되면 발표를 통해 청중 즉, 같이 수업을 듣는 학생들과 공유한다. 이 방법은 수수께끼 방식의 글쓰기에 어쩌면 당연히 내포되어 있는 과정이라 하겠다. 발표자는 청중 앞에 자신이 심혈을 기울여 직접 고안한 문제를 낸다. 문제를 공개하는 방식은 한 줄씩 순서대로 읽어나가는 것이다. 어느 단계에서나 정답을 아는 학생이 있으면 손을 들고 말하면 된다. 문제가 끝이 났는데도 정답을 맞히지 못하면, 프로젝션으로 수수께끼의 전면을 공개하고 다른 힌트를 추가로 제시한다. 정답이 공개되고 발표자는 청중의 반응을 살피며 글의 성공 여부와 만족도를 스스로 체감한다.

　그다음 청중에게 대상에 대한 다른 관점과 정보를 구한다. 청중은 브레인스톰 방식으로 발표자에게 각자의 생각을 말하고 발표자는 채택할 만한 것을 메모한다. 다음은 동전에 대한 수수께끼 방식의 글이다.

　이것은 길을 가다가도 볼 수가 있는데 사람들은 그것을 하찮게 여겨 그냥 지나칠 때가 많습니다. 하지만 이것은 우리에게 꼭 필요할 때 찾으면 없어 속을 썩입니다. 이것은 우리가 어렸을 때는 큰 가치였지만 머리가 크고 나이가 많아질수록 우리에게 그 가치는 떨어집니다. 이것은 화난 돼지들이 좋아하는 것입니다. 이것은 높은 곳에서 떨어트려도 소리만 조금 날 뿐 다치지 않습니다. 이것 중에서 가장 가치 있는 것은 동물이고 두 번째는 사람입니다. 이것은 빛을 받으면 반짝 반짝 빛이 나고 냄새가 납니다. 이것은 줏대가 없으며 이리저리 여러 사람에게 붙어 다닙니다.

-학생의 글-

　동전은 매우 친근한 소재이다. 그렇기 때문에 수수께끼 문제의 대상이 되는 경우도 많지만 의견 제시 또한 매우 활발하다. 이에 대한 청중의 브레인스톰 방식에 의한 의견 제시는 다음과 같이 다양하게 일어날 수 있다.

○ 내기할 때나 소원을 빌 때 사용된다.
○ 다양한 상징적인 무늬가 새겨져 있다.
○ 복권 긁을 때나 자판기 앞, 노래방에서 필요하다.
○ 톱니가 있는 것도 있다.

발표자는 청중들로부터 나오는 다양한 의견을 메모한다. 그리고 그 내용을 반영하여 고쳐 쓰기를 한다. 다음은 윗글을 고쳐 쓰기 한 것이다.

저는 아이에게는 큰 가치지만 어른에게는 가치가 떨어집니다. 그러나 어른에게도 매우 필요할 때가 있습니다. 꼭 필요할 때 찾으면 없어서 속을 썩이죠. 저는 앞뒤가 다른데, 이 특징을 이용하여 저를 가지고 내기를 하기도 합니다. 그리고 관광명소에서는 저를 던지며 복권 당첨 등 소원을 빌기도 합니다. 만약 복권이 당첨되면 이것으로 긁으면 좋습니다. 이것은 노래를 부르고 싶을 때, 목이 마를 때 더욱 절실합니다. 이것 중에서 가장 가치 있는 것은 동물이고 두 번째는 사람입니다. 가짜와 진짜를 구분하기 위해 톱니가 달린 것도 있는데, 많은 것은 120개까지 있습니다. 그래도 사람을 다치게 할 정도는 아닙니다. 지금도 여러분들 주머니 안에 있을 수 있는 저는 누구일까요?

-학생의 글(고쳐 쓰기)-

특별한 체험을 하거나 아주 기발한 이야깃거리가 있어야만 글을 잘 쓸 수 있는 것이 아니다. 학생들은 일상에서 지나칠 수 있는 아주 사소한 경험으로도 얼마든지 좋은 글을 쓸 수 있다는 것을 익힐 수 있다. 이것은 특히 아직 경험적 자산이 많지 않은 대학 초년생들에 매우 중요한 개념이다.

다음 내용을 참조하여 수수께끼 방식의 글쓰기에 쓰일 대상을 정하고 그 대상을 둘러싸고 있는 정보를 적어보자.

대상 :	
모양	
색깔	
쓰임	
연관된 사물 및 생각	
추상적 의미	

위에서 정리한 정보를 근거로 수수께끼 문제를 작성해보자.

연습문제 3

문제를 발표하고 피드백을 받아 메모해보자.

1.
2.
3.
4.
5.

연습문제 4

피드백을 참고하여 고쳐 쓰기를 해보자.

제**4**장

보고서 쓰기

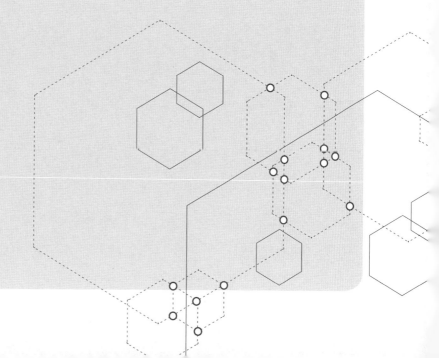

보고서 쓰기

보고서는 학습이나 연구 결과 또는 관찰 조사한 결과를 객관적으로 보고하는 글이다. 보고서는 실용적 글쓰기의 원형과 같은 것으로 모든 글쓰기 가운데 가장 중요하다. 현실적인 측면에서 보더라도 학교는 보고서를 통해 학생의 학업 성취도를 평가하고 기업에서는 보고서를 기반으로 사업의 진퇴를 결정한다. 보고서를 제대로 쓰지 못하면 학점은 물론 진급에서 많은 불이익을 받을 것이 뻔하다.

보고서는 논문 형식을 갖춰 쓰지만 주제 하나를 간략한 내용으로 작성한다는 점에서 논문과 다르다. 논문이 체계적인 이론을 바탕으로 새로운 평가나 이론을 제시하는 것이라면 보고서는 조사, 실험, 관측된 사실이나 결과를 정리하여 설명하는 것이다. 보고서는 그 목적에 따라 다음과 같이 나눌 수 있다.

- 조사 보고서 : 사실이 어떤가를 조사하고 보고하는 글
- 실험 보고서 : 어떤 가설을 실험으로 검증하여 그 결과를 보고하는 글
- 답사 보고서 : 직접 현장을 다녀 온 후에 작성하는 글
- 학습 보고서 : 수업에서 학습한 내용을 점검하거나 선행학습을 위해 요구하는 글

1. 보고서가 갖춰야 할 기본 조건

보고서는 목적이 분명한 글이다. 목적을 분명하게 드러내기 위해서는 글쓰기의 기본원칙을 지키는 것이 중요하다.

1) 주제가 분명해야 한다.
2) 신뢰성 있는 자료를 수집해야 한다(언제, 어디서, 어떻게 수집했는지 밝혀야 한다).
3) 체계를 갖춰야 한다.
4) 핵심 내용(처리방안, 전망, 해결책 등)이 들어 있어야 한다.
5) 객관적인 용어를 사용하여 간결하게 작성해야 한다.

2. 보고서 작성 과정

보고서 작성 과정은 일반적인 글쓰기 과정과 다르지 않다. '주제 선정 → 자료수집(답사, 조사 등) → 구성·개요작성 → 집필 → 수정' 순서로 작성한다.

1) 주제 선택

보고서의 주제는 스스로 선택할 수 있다. 그러나 대학 수업에서는 보고 주제가 대부분 강의 계획에 의해 미리 정해져 있을 때가 많다. 어떤 경우이든 주제에 대한 접근 방식이나, 소주제를 어떤 방법으로 설명할 것이냐 등은 전적으로 보고자가 결정해야 한다. 스스로 선택한 주제이든 아니든 보고서를 작성한 결과에 대한 책임은 자기가 져야 한다는 말이다.

2) 자료 수집 및 분석

보고서는 다른 어떤 글쓰기보다 자료 수집이 중요하다. 수집된 자료의 정확성이나 충실성, 객관성에 의해 보고서의 수준이 좌우되기 때문이다. 그래서 자료 수집을 할 때는 전문 서적을 포함하여 실험, 관찰, 조사, 답사 등을 통해 모을 수 있는 모든 자료를 다 모으는 것이 좋다.

또한 자료를 수집하면서 그때그때, 자료의 유형이나 주제, 중요도에 따라 분류하는 것도 중요하다. 라벨이나 포스트-잇을 붙여 범주를 나누다보면 내용과 형식이 구성될 뿐만 아니라 나중에 글을 쓸 때 자료를 찾아 쓰기에도 용이하다. 예를 들어 서둘러 밖에 나가야 하는데 옷장이 정리가 안 되어 있다고 생각해 보자. 겉옷과 속옷, 상의, 하의, 양말 게다가 사용한 것과 사용하지 않은 것이 뒤섞여 있다면 옷을 갖추어 입는 데만 많은 시간을 소비해야 할 것이다.

그러나 정리가 잘 되어 있다면 쉽고 빠르고 정확하게 원하는 의상을 갖춰 입을 수 있다. 보고서를 쓰는 것도 마찬가지이다. 자료 정리가 잘 되어 있다면 자료를 일일이 다시 찾아 확인할 필요 없이 바로 바로 보고서를 작성할 수 있다.

〈자료 정리〉

문서 자료인 경우, 참고문헌이나 각주로 사용할 때 필수적으로 요구되는 서지사항을 적어서 분류해 둔다.

한희수, "영화 피아노에 나타난 두 개의 사랑", 「언어생활의 시학」, 종려나무, 2012.

중요한 내용이면 서지사항 아래 본문을 적어 놓으면 인용할 때, 편하다.

한희수, 『언어생활의 시학』, 종려나무, 2002. 108쪽.

뒤늦게 해변가에 도착한 남편은 마치 에이다의 아버지가 그랬던 것처럼, 에이다의 생각에 대해선 관심이 없다. 바닷가에서 하루 밤을 지새운 결혼녀 앞에서 남편은 오직 거래 내역을 확인하기에 급급하다. 그는 곁눈질을 해가며 아내가 자기 기대에 못 미친다고 툴툴거린다. 자기 친구에게 "저 여자 어때?"라는 질문은 에이다의 상품가치를 확인하려는 질문이며, '왜소하다'는 것은 에이다가 지불한 만큼의 가치가 없는 상품이라는 실망의 표시이다. 가격을 따지는 그런 남편에게 시집 온 아내는 사랑의 대상이기보다는 육체적인 상품, 거래된 물건에 불과하다. 자리를 옮겨도, 사람이 바뀌어도, 에이다를 둘러싸고 있는, 그녀에게 의미를 부여하는 시각과 구조는 동일하다.

연습 1 교재에서 중요한 내용을 찾아 정리해 보자.

저자	책이름	출판사	출판연도	(중요한 구절이 있는)페이지

내용:

저자	책이름	출판사	출판연도	(중요한 구절이 있는)페이지

내용:

저자	책이름	출판사	출판연도	(중요한 구절이 있는)페이지

내용:

※인터넷 자료이면 웹사이트 주소(URL)를 적는다.

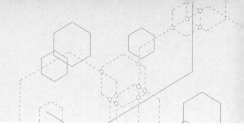

3) 구성과 개요작성

글을 구성한다는 것은 자료를 선별하고 해석하여 주제에 적합한 위치에 배치하는 것이다. 그런 의미에서 구성은 자료를 분류하는 작업에서부터 시작된다. 각각의 보고서는 목적에 따라 자료의 선택과 배치를 달리 한다. 조사 보고서는 조사를, 실험보고서는 실험을 중심으로 보고서를 구성한다.

연구, 조사보고서	실험보고서	답사보고서	학습보고서
(1) 서론	(1) 실험 일시, 장소	(1) 답사 지역, 장소	(1) 서론
(2) 연구방법	(2) 실험 목적	(2) 답사 목적	(2) 본론
(3) 조사 내용	(3) 실험장치	(3) 제보자	(3) 결론
(4) 논의 의견	(4) 실험 방법	(4) 현장 답사	(4) 참고자료
(5) 결론(또는 요약)	(5) 결과(또는 수치)	(5) 결론	(5)
(6) 참고 자료	(6) 참고자료	(6)	(6)

4) 개요 작성

구성이 끝나면 세부 개요를 작성한다. 구성이 건물 뼈대를 세우는 작업이라면 개요는 뼈대 위에 살을 입히는 작업이라 할 수 있다. 개요는 자세하면 자세할수록 좋다. 단언하건데, 우리는 자신이 작성한 개요의 수준만큼 글을 완성할 수 있다.

〈조사보고서 : 구성 – 개요작성의 예〉

1.서두
1) 목적 – 계룡산 일대의 생태계 변화 파악과 자연 보호 육성을 위한 기초자료 마련
2) 조사자 – 세한대학교 자연사랑 동아리 회원들
3) 조사 기간 – 2019. 3. ~ 2019. 12.
4) 조사 지역 – 계룡산 동학사에서 신원사, 갑사에 이르는 지역
5) 조사 목적 – 자연 개발이 생태계에 미치는 영향 파악

2. 본문
1) 동학사 지역
  ⑴ 다채로운 식물상
  ⑵ 온천 개발로 인한 산림의 황폐화
2) 신원사 지역
  ⑴ 울창한 산림
  ⑵ 토착 종교 집단에 의한 생태계의 변화
3) 갑사 지역
  ⑴ 식물 군집
  ⑵ 산길의 콘크리트 포장으로 인한 생태계 변화
4) 종합 – 자연 조건에 맞게 개발한 곳, 인위적인 영향을 받은 곳의 비교

3. 결말
1) 계속적인 조사의 필요성
2) 자연보호의 필요성

5) 보고서 쓰기

보고서를 쓸 때는 가장 적합한 방식을 찾아 보고하고자 하는 내용을 정확하게 설명해야 한다. 다음과 같은 방법을 사용하면 유용하다.

⑴ 정의(definition) : 무엇인가를 정의하는 것은 글의 도입 부분에서 많이 사용하는 설명 방법이다. 개념을 분명히 하지 않고는 다른 논의의 전개가 어려울 때, 익숙한 말이라도 새로이 독특한 개념을 제시하고자 할 때, 논의의 실마리를 풀어나가고자 할 때, 정의(definition)하는 방법을 사용할 수 있다. 예를 들면 '무엇이냐(누구냐)?' 하는 질문에 대해 '무엇이다(누구이다)' 라고 대답하는 설명 방식이라 할 수 있다.

옛날 유행가 중에 '사랑은 눈물의 씨앗'이라는 노래는 정의(definition)로 시작하는 글쓰기의 예가 될 수 있을 것이다. "사랑이 무엇이냐?"는 질문에 대해, "사랑은 눈물의 씨앗이다"라고 정의를 해놓으면 이야기를 풀어내기가 쉽다. 그 노래 가사는 다음과 같다.

사랑이 무어냐고 물으신다면 눈물의 씨앗이라고 말하겠어요.
먼 훗날 당신이 나를 버리진 않겠지만
서로가 헤어지면 서로가 그리워서 울 테니까요.

연습 2 여러분은 사랑을 무엇이라고 생각하는가? 정의하고 글쓰기를 시작해보자.

1.

_____

_____

_____

_____

_____

_____

2. 다른 주제를 정의하고 글을 써보자.   예) 공부. 결혼. 여행

_____

_____

_____

_____

_____

_____

(2) 분류와 구분 : 여러 대상을 일정한 원리에 따라 나누어 설명하는 방식이다. 보통 상위개념에 있는 것을 하위 기준으로 갈라 나가는 것을 구분이라 하고 하위 개념을 상위 개념으로 묶는 것을 분류라 한다.

- 구분 : 척추동물은 어류, 양서류, 파충류, 조류, 포유류로 구분된다.
- 분류 : 어류, 양서류, 파충류, 조류, 포유류는 척추동물로 분류된다.

분류와 구분이 중요한 것은 복잡하고 알 수 없는 것을 한 눈에 파악할 수 있게 만들기 때문이다. 사랑, 이 얼마나 파악할 수 없는 인간의 감정인가? 만일 여러분이 사랑에 대해서 글을 써야 한다면 어떻게 하겠는가? 너무 추상적인데다가 개념 범위가 너무 넓기 때문에 어디서부터 어떻게 써야 할지 감을 잡을 수 없을 것이다. 이 때, 분류와 구분법을 사용하면 좋다.

사랑에는 아가페와 에로스 그리고 필리아가 있다. 아가페는 대상 그 자체를 사랑하는 타인 본위의 신적 사랑을 나타내는 말로 무조건 · 일방적인 절대적인 사랑을 가리키는 말이다. 반면에 에로스는 대상의 가치를 추구하는 이른바 자기 본위의 사랑을 의미한다. 마지막으로 필리아는 친구나 동료, 인간에 대한 사랑 사회적 공감이나 교감을 의미한다.

사랑을 이렇게 아가페와 에로스, 필리아로 나누어 놓으면 정의(definition)와는 다른 차원에서 사랑을 설명할 수 있다. 현재 세상의 많은 사랑들을 이 기준으로 분류하고 구분할 수 있을 뿐만 아니라 인간관계의 방향도 세울 수 있다. 인간관계의 중요한 일부는 지금 자신의 감정이 아가페인지 에로스인지 필리아인지를 구분하는 것에서부터 시작되기 때문이다.

연습 3 다음 주제에 대하여 유형을 나누어 설명해 보자.

1. 요즘 유행하는 노래 혹은 가수의 특징
2. 사람들의 성격유형과 특징
3. 미팅의 종류와 방법
4. 자유주제

_____

_____

_____

_____

_____

_____

_____

_____

_____

_____

_____

_____

_____

_____

_____

_____

_____

_____

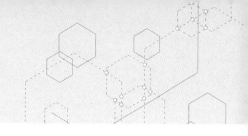

(3) 예시 : 예시는 예를 들어 설명하거나 구체적인 사례를 사용해 설명하는 방법이다. 예시는 상대방이 알 수 없는 것을 알려 주는 데 매우 적합하다. '아가페'가 무엇인지 모르는 사람에게 아가페를 설명하기 위해서는 예시만큼 좋은 방법은 없다.

차디찬 지난 며칠 간 영하의 날씨에 있었던 일입니다.

저는 새 한 쌍을 선물로 받아 매일 아침 신선한 공기와 햇빛을 받으라고 초롱을 베란다에 걸었다가 저녁이면 들여오곤 하였습니다.

그 동안 새는 자라서 어미새가 되었고, 어미새는 어느덧 알을 품더니 두 마리의 예쁜 새끼를 갖게 되었으며, 그 새끼들은 초롱 속에 만들어 준 둥지에서 자라게 되었습니다.

그런데 어느날, 베란다에 둔 것을 깜박 잊어버리고 영하의 날씨에 밤을 그냥 보내 버렸습니다. 아침에서야 새 초롱을 생각하고 허둥지둥 나가 보니 아뿔사 어미 새가 둥지 안에서 얼어 죽어 있었습니다.

인간의 실수로 인해 생명을 잃게 한 것을 생각하고 가슴을 치며 죽은 어미새를 집었더니, 아! 거기 얼어 죽은 어미새 날개 밑에 한 마리의 큰 새와 두 마리의 새끼는 그대로 살아 있었습니다.

– 「어미새의 사랑」 중에서

예시는 다른 설명 방법보다 강하고 설득력이 있는 설명 방법이다. 사랑을 눈앞에 보여주는 것보다 사랑을 잘 설명할 수 있는 방법이 어디 있겠는가? 남의 이야기가 아니라 자기 자신에 관한, 자기가 직접 체험한 이야기인 경우 설득력은 배가 된다. 직접 겪은 일이나 현재 일어나고 있는 사실을 사례로 드는 것도 훌륭한 예시 방법이다.

다음 주제를 예시를 통해 설명해 보자.

1. 스마트폰은 현대생활의 필수품이다.
2. 재수 없는 사람은 뒤로 넘어져도 코가 깨진다.
3. 자유주제

_____

_____

_____

_____

_____

_____

_____

_____

_____

_____

_____

_____

_____

_____

_____

_____

_____

_____

(4) 비교와 대조 : 비교, 대조는 대상들 사이에 존재하는 공통점과 차이점을 드러내 각자의 특성을 보여주는 설명 방법이다. 앞의 〈예시〉에서 보여준 아가페적인 사랑은 이기적이고 탐욕적인 사랑(여자의 도움으로 출세한 남자의 배신을 다룬 아침 드라마들)과 비교되면 아가페 사랑의 성격이 훨씬 잘 드러날 것이다.

아래 두 그림도 마찬가지이다. 제시된 그림은 마네의 「맥시밀리언 황제의 처형」과 고야의 「마드리드 1808년 5월 3일-프린시페 피오 언덕에서의 총살」이라는 작품이다. 두 그림은 같은 구도를 가지고 있다. 좌측에 처형당하는 사람이 배치되어 있고 우측에 처형하는 사람들이 그려져 있다. 그리고 중앙 삼각형의 꼭지점 지점에 마네는 구경꾼들을, 고야는 성당을 배치하고 있다.

이 두 그림은 각각 하나의 작품만을 설명할 때보다 서로 비교 대조할 때, 훨씬 많은 의미를 드러낸다. 우선 두 그림은 색채부터 다르다. 마네의 그림이 흐릿하다면 고야의 그림은 선명한 색을 대비시키고 있다. 또한 고야의 그림은 마네의 그림보다 움직임이 뚜렷하게 묘사하고 있다. 마네가 처형의 순간을 단순하게 재현하고 있는 반면에 고야는 처형 순간을 입체적으로 표현하고 있음을 알 수 있다. 왼쪽부터 처형당한 자와 중앙에 처형당하고 있는 자, 그리고 오른쪽에 처형당할 자를 시간 순서에 따라 배치하고 있는 것이다.

두 그림은 병사들의 자세도 다르다. 마네의 병사들이 일상적인 임무를 수행하는 것처럼 처형을 집행하는 것으로 보인다면 고야의 병사들은 처형에 훨씬 적극적이다(앞으로 쏠린 자세를 보라). 또한 마네의 그림과 달리 고야는 구경꾼의 자리에 교회를 배치함으로써 처형에 대한 형이상학적, 혹은 비판적인 의미(신이 지켜보고 있다)를 부여하기도 한다.

두 그림의 차이점과 특징은 비교, 대조가 아니면 얻어낼 수 없는 정보들이다. 비교와 대조를 통해 새로운 정보가 만들어지는 것이고 그만큼 비교, 대조법이 설명에 유용하다는 것을 의미한다. 그러나 비교, 대조는 설명 효과가 강렬한 만큼 세심한 주의가 필요하다. 잘못하면 심각한 왜곡이 발생하기 때문이다. 예를 들어 어떤 나라를 가난한 나라와 비교하여, 그 나라가 잘사는 나라라고 발표를 한다면 이는 미국이나 일본 등의 선진국과 비교해서 얻은 결론과는 많이 다를 것이다.

연습 5 다음 주제를 비교, 대조 방법으로 설명해 보자.

1. 고등학교 생활과 대학 생활
2. 부모님과 교수님
3. 게임과 운동
4. 자유주제

_____

_____

_____

_____

_____

_____

_____

_____

_____

_____

_____

_____

(5) 유추 : 유추는 잘 알려지지 않은 것을 잘 알려져 있는 것에 비유하여 드러내는 설명 방식이다. 어떤 개념이나 주제를 설명할 때, 유추법도 매우 유용하게 사용할 수 있다. 예를 들어 "잘못된 습관은 바로 고쳐야 한다"는 주장을 하고 싶다면 다음과 같은 유추를 사용하면 좋을 것이다.

오래되어 지탱할 수 없을 정도로 낡은 행랑채 세 칸이 있었는데, 나는 부득이 그것을 수리하게 되었다. 그중 두 칸은 비가 샌 지 오래되었는데, 나는 것을 알고도 어물어물하다가 미처 수리하지 못한 것이고, 다른 한 칸은 한 번밖에 비를 맞지 않았지만 이번에 같이 수리하기로 한 것이다. 그런데 수리하고 보니, "비가 샌 지 오래된 것은 서까래, 추녀, 기둥, 들보가 모두 썩어서 못쓰게 되어 경비가 많이 들었고, 한 번밖에 비를 맞지 않은 것은 재목들이 모두 완전하여 다시 쓸 수 있었기 때문에 경비가 적게 들었다."

나는 이에 느낀 것이 있었다. 사람의 몸에 있어서도 마찬가지라는 사실을. 잘못을 알고서도 바로 고치지 않으면 곧 그 자신이 나쁘게 되는 것이 마치 나무가 썩어서 못쓰게 되는 것과 같으며, 잘못을 알고 고치기를 꺼리지 않으면 해를 받지 않고 다시 착한 사람이 될 수 있으니, 저 집의 재목처럼 다시 쓸 수 있는 것이다.

－이규보, 「이옥설」

이규보는 집수리 경험을 빗대 잘못된 습관, 태도는 바로 고쳐야 한다는 것을 이야기하고 있다. 구체적 경험으로 깨달은 것을 일반적인 삶의 영역으로 확대해 삶의 이치를 설명하고 있는 것이다.

사실 이런 유추법은 우리 실생활에도 깊숙이 들어와 있다. 우리가 처음 만난 외국 사람에게 김치의 매운 맛을 설명할 때, '카우카우'나 '팔 커리', '훠궈' 등 외국의 매운 음식을 끌어들이는 것은 매운 맛을 유추하게 하기 위해서이다. 또한 우리가 처음 사용하는 기계를 사용 설명서 없이 작동시킬 수 있는 것도 다른 기계를 사용한 방법으로 사용법을 유추하기 때문이라 할 수 있다.

6) 인용하는 법

보고서를 작성하다보면 인용을 할 때가 있다. 글의 주제를 확증하기 위해 다른 사람의 글을 증거 자료로 사용해야 하는 경우이다. 자료를 인용을 하거나 각주 표시를 할 때는 다음과 같은 방법을 따르면 된다.

(1) 짧은 인용(세 줄 미만)의 경우, 인용문에 인용부호(" ")를 붙이고 본문 속에 포함시킨다. 강조하는 경우에는 본문과 분리시킬 수도 있다.

(2) 긴 인용은 인용문을 본문에서 분리하여 한 줄을 띄우고 두 칸을 들여 쓰는 것으로 본문과 구분한다. 이때 인용부호는 붙이지 않는다.

이제는 두 사람 사이를 가로 막을 수 있는 것은 아무 것도 없다. 이몽룡은 바로 기생 딸 춘향이에게 백년가약 하겠다는 약조를 하고 춘향과 성례를 이룬다.

실랑 중 옷끈 끌러 발가락에 딱 걸고서 끼어 안고 진득이 누르며 기지개 켜니 발길 아래 떨어진다. 옷이 활딱 벗어지니 형산(荊山)의 백옥(白玉)덩이 이 위에 비할소냐. 옷이 활씬 벗어지니 도련님 거동을 보려하고 슬그머니 놓으면서
"아차차 손 빠졌다."
춘향이가 침금 속으로 달려든다. 도련님 왈칵 좇아 들어 누워 저고리를 벗겨내어 도련님 옷과 모두 한데다 둘둘 뭉쳐 한 편 구석에 던져두고 둘이 안고 마주 누웠으니 그대로 잘 리가 있나. 골즙낼 제 삼승 이불 춤을 추고 샛별 요강은 장단을 맞추어 청그렁 쟁쟁 문고리는 달랑달랑 등 잔불은 가물가물 맛이 있게 잘 자고 났구나. 그 가운데 진진한 일이야 오죽하랴.

두 사람은 이렇게 신분의 차이를 벗어던지고 하나가 된다. 이성지합(二姓之合)이며 두 시대의 결합이다. 인간의 신분이 정해진 것이 아니라 자기 의지대로, 살아내는 만큼 살 수 있는 세상, 기생의 딸과 사대부의 아들이 결연 가능한 새로운 시대가 열린 것이다. 그런 의미에서 춘향전의 주제는 신분상승이 아니라 사랑이다. 이후 춘향이 지키려는 것도 유교 윤리 '열'이 아니라 '사랑'이다.

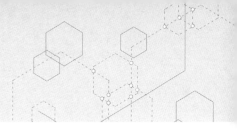

7) 각주

　각주는 자신의 글에 대한 설명이 필요하거나 본문에 넣으면 문단의 통일성을 해칠 인용문을 표시할 때, 또는 자신의 주장에 대해 증거를 제시할 경우에 만들어 사용한다. 특히 남의 의견이나 자료를 인용하는 경우에는 반드시 각주를 통해 그 사실을 밝혀줘야 한다. 남의 글이나 자료를 인용하고 그 사실을 밝히지 않는다면 그것은 명백한 도둑질이다.

　각주를 달려면 각주를 달고자 하는 본문의 용어나 문장의 끝 상부에 각주번호1), ① 등의 아리비아 숫자를 순서대로 붙이고(자연과학의 논문에서는 수식이나 공식에 쓰인 숫자와 혼동되지 않도록 주의할 것), 각 페이지의 하부에 각주를 기입한다.

　워드 프로세서를 사용하는 경우, Ctrl키를 누르고 N자판을 더블 클릭하면(Ctrl+N,N) 자동으로 각주 번호와 각주 영역이 생성된다.

〈각주 사용의 예〉

> ### "피아노"에 나타난 가부장제도와 성의 정치화
>
> #### 1. 서론
>
> 　성은 인간에게 가장 커다란 만족을 주는 것 가운데 하나이다. 성은 인간에게 존재론적인 확신(살아 있다는 느낌)을 줄 뿐만 아니라 인간 상호간의 완전한 결합을 가능케 하고, 자손을 번식할 수 있는 기회까지 제공하기 때문이다. 어떤 의미에서 성(자신에 대한 확인 → 이성과의 결합→ 번식)은 자기가 누구이고(시작) 무엇을-어떻게 살아야 하며(중간) 어디로 가는지를(결말) 대답해 주는 (원시-자연)신앙체계라 할 수 있으며,[1] 그래서 인간은 성에서 강렬한 삶의 만족(확신)을 얻을 수 있었던 것으로 보인다.[2]
>
> 　그러나 이런 자연스러운 성의 체계는 가부장제가 자리를 잡아가면서 왜곡되기 시작한다. "피아노"에서 가부장제는 성을 기독교 결혼 이데올로기 안에 한정함으로써[3], 성의 자연스러운 측면을 제거하기 때문이다. 그것은 사실상 성이 인위적인 시각-남성 지배 이데올로기-에 의해 조작되었다는 것을 의미하며(여성의 성은 결혼 안에 제한되는데 남성의 성은 보다 자유롭다), 결

혼이 더 이상 두 사람의 신비적인 결합이 아니라 남성-가부장 주체-에 의한 여성의 지배에 지나지 않는다는 것을 의미한다.

이런 왜곡된 관계에서 벗어나 인간의 자연스러운 성을 회복해야 한다는 것이 "피아노"의 기본 줄거리이다. 이 논문은 이런 영화의 줄거리를 따라 그 주장의 타당성을 검토하려 한다. 기독교 이데올로기를 제거하고 성을 결혼이라는 제도로부터 해방시키려는 시도를 자세히 살펴보고, 정말 가부장제가 여성을 억압하기 위해 만들어진 제도인지, 기독교가 그런 제도에 이데올로기를 제공하고 있는지, 그리고 인간의 성적 자유가 인간 해방의 수단을 제공하는지 등등을 확인하고자 한다. 그래야만 완전한 성이 무엇이고, 완전한 삶이 무엇인지를 대답할 수 있기 때문이다.

---

1)폴 리꾀르, 『악의 상징』, 양명수 역, 문학과 지성사, 1994, 218쪽.

2)권력이나 명예는 이런 성적 만족의 외연이라 할 수 있다. 물론 거꾸로 성이 권력이나 명예의 왜곡된 표현일 수도 있다. 사실상 인간의 본능은 여러 충동들이 중층결정 되어 있는 것으로 보인다.

3)"피아노"에서 기독교는 결혼을 하나님이 만든 제도라고 주장함으로써 결혼 제도를 신성불가침한 이데올로기로 만드는 종교로 그려진다.

〈자료에 대한 각주〉

(1) 처음 언급하는 책은 저자, 책이름(논문명), 출판사, 출판연도, 페이지를 순서대로 밝힌다.
예) 김종구, 『한국현대소설의 시학』, 세한대학교 출판부, 2018. 18쪽.

(2) 바로 앞의 각주에서 인용한 자료를 다시 참고하는 경우. 〈위의 책, 26쪽.〉과 같이 쓴다.

(3) 바로 앞이 아니라 그 앞의 어딘가에서 인용한 자료를 다시 참고할 때. 〈앞의 책, 32쪽.〉과 같이 쓴다.

(4) 인터넷 자료는 저자, 자료이름, 기관이름, 사이트 주소를 표기해 준다.
예) http://www.sehan.ac.kr/

8) 고쳐 쓰기

　보고서가 완성되면 반드시 수정, 보완 단계를 거쳐야 한다. 주제와 관련된 사항을 검토하고 논지 전개나 단락 연결 등을 확인한다. 띄어쓰기 맞춤법은 물론 구두점, 문법, 단어 선택 등 정서법에 대한 교정을 진행한다. 이 때 확인해야 할 사항은 다음과 같다.

　⑴ 간결한 문장을 사용했는가?

　⑵ 한 문장은 한 호흡으로 읽을 수 있는가?

　⑶ 문장의 문법 구조가 통일되어 있는가?

　⑷ 용어가 통일되어 있는가?

　⑸ 문단이 너무 길지 않은가? (문장은 6문장 내외가 좋다.)

　⑹ 페이지 번호와 본문의 숫자나 부호가 정확하게 기재되어 있는가?

　⑺ 표지와 목차가 제대로 되었는가?

　확인이 끝나면 꼭 다른 사람에게 검토(교정)를 부탁하는 것이 좋다.

〈보고서 표지의 예〉

〈사고와 표현〉 기말 보고서

학교생활의 문제점과 개선책
-'여가활동'을 중심으로-

제출일 : 201×년 ×월 ×일
학 과 : ○○대학 ○○○○학과
학 번 : ××××××××
제출자 : ○○○○
담당교수 : ○○○ 교수님

1. 두 언론사(신문, 방송)를 택하여 같은 주제의 기사를 검색하여 비교, 대조해 보자.

1) A 언론 기사 내용 요약 :

_____

_____

_____

_____

_____

_____

2) B 언론 기사 내용 요약 :

_____

_____

_____

_____

_____

_____

3) 비교, 대조:

_____

_____

_____

_____

_____

연습문제 2

현장조사를 통해 다음 주제에 대한 보고서를 만들어보자.
(준비물 : ①세 가지 색 포스트-잇. ② 4절 보드판)

> ### 강의 중간(만족도) 조사

1. 조별로 모여 현재 수업의 문제점에 대해 논의한다.

  1) 각 조원들은 자기가 생각하는 문제점을 빨간색 포스트-잇에 써서 보드판에 붙이고 문제점에 대해 토론한다.

    예) 수업 시간에 학생들이 너무 떠든다.

2. 왜 이런 문제가 발생했는지 이유를 찾아 밝힌다.

  1) 각 조원들은 자기가 생각하는 이유를 노란색 포스트-잇에 써서 보드판에 붙이고 문제점이 발생한 이유에 대해 토론한다.

    예) 교수님이 마음이 너무 좋으시다.

3. 해결책을 제시한다.

  1) 각 조원들은 자신이 생각하는 해결책을 초록색 포스트-잇에 써서 보드판에 붙이고 해결책에 대해 토론한다.

    예) 수업 태도를 점수에 반영하면 좋겠다.

4. 조원들끼리 토론해서 개요를 만든다.

    1) 개요 예시

      ⑴ 문제점을 순서대로 정리

      ⑵ 이유를 순서대로 정리

      ⑶ 해결책을 순서대로 정리

5. 대표가 나와 발표한다.

※ 과제 : 모든 학생은 다음 시간까지 위 내용을 보고서로 만들어 제출한다.

MEMO

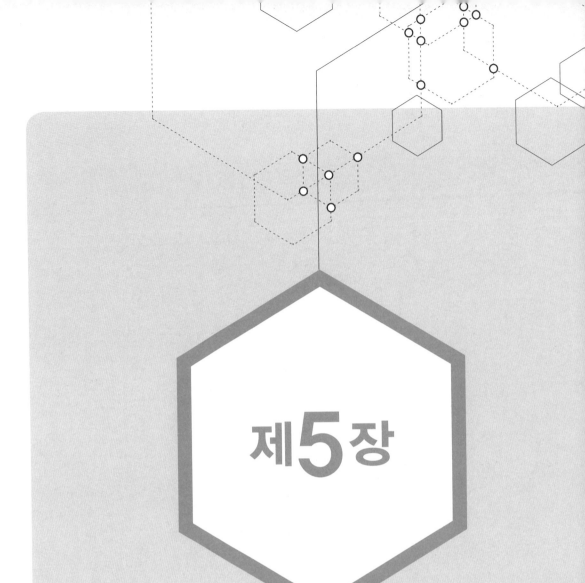

제5장

자기를 표현하는 글쓰기

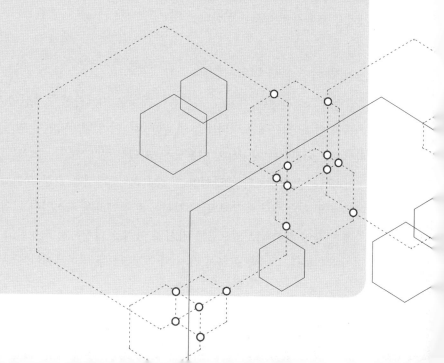

자기를 표현하는 글쓰기

자기를 표현하는 글쓰기가 대세인 시대가 되었다. 신문 기사나 이슈에 댓글을 달거나, 이보다 더욱 체계적인 수준의 글쓰기를 요구하는 SNS를 통해 사람들은 끊임없이 자기를 표현하고 있다. 그러면서도 이력서나 자개소개서와 같은 공적이며 목적이 분명한 형태의 글을 써야하는 상황에 놓이기도 한다. 객관적인 사실 위주로 간략히 적는 이력서는 처음 쓰는 과정이 힘들 뿐 경력이 쌓일수록 별 어려움이 없이 작성할 수 있을 것이다. 반면 자기소개서는 아무리 능숙한 글 솜씨를 지닌 사람이라도 내용을 구성하고 수사를 동원하여 서술하는 데 많은 고민을 하지 않을 수 없다. 이 장에서는 이러한 어려움과 낯섦을 이겨내고 자기를 표현하는 글을 잘 쓸 수 있는 방법에 대해 알아보고자 한다.

1. 이력서 쓰기

1) 이력서의 정의

이력은 어떤 이가 살아오면서 이룩한 학업이나 직업 등의 발자취이며, 이력서는 이에 대한 기록이다. 그렇기 때문에 이력서는 인적 사항, 학력 사항, 자격 사항 및 상훈 등으로 구성된다. 이력서는 하나의 고정된 틀이 있는 것이 아니라 내용을 구성하는 방식에 따라 다양한 형태가 있다. 연구원 채용에 지원하는 이력서는 관련 연구 실적을 중심으로 잘 써야 하며, 경력자를 우대하는 지원에는 경력 내용을 효율적으로 적어야 한다.

2) 이력서 작성시 유의사항

일정한 틀에 얽매이지 않고 기본적인 사항을 지켜가면서 자신의 장점을 최대한 살려 정확하게 기록하면 된다. 최근에는 인터넷을 이용한 지원이 일반화되면서 인터넷상에 제시된 형식을 이용해 온라인으로 이력서를 작성하는 경우도 늘고 있다.

이력서는 독창성보다 정확성이 더 중요하다. 자신을 가장 객관적으로 보여주는 것이 이력서이기 때문에 일정한 문서 양식에 맞는 사항들을 정확하게 빠짐없이 기입하면 된다. 최근 각 기업의 인성 중시 경향이 확산되고 있으므로 자신의 이력을 성실하게 작성하고 자격과 특기를 자세히 기입하는 것이 유리하다. 다음은 이력서 작성 시 기본적으로 알아두어야 할 사항이다.

- 일반적으로 컴퓨터로 작성하지만 자필로 글씨를 쓸 경우 깨끗하고 정확하게 써야 한다. 자필을 요구하는 경우는 일반적으로 필체를 보기 위한 것이기 때문에 반드시 자신이 직접 써야 한다.
- 자세하게 기록하면서도 간단하고 명료하게 써야 한다.
- 성실한 자세로 정확한 내용만을 써야 한다. 검증할 수 없는 경력이나 자격 사항은 기입하지 말아야 한다. 허위 사실이 밝혀지게 되면 합격이 취소될 수 있기 때문에 반드시 정확한 사항만을 기재해야 한다.
- 지원 분야와 관련된 내용을 중심으로 깔끔하게 작성해야 한다. 지원 분야와 관련이 없는 분야에 대한 경력이나 자격증은 지원 분야에 관심이 없다는 것은 반증하기 때문이다.
- 사진은 최근 3개월 이내에 찍은 것으로 해야 한다. 인간관계에서 첫인상이 중요하듯이 사진은 인사 담당자에게 첫인상을 제시할 수 있는 중요한 자료이다. 사진은 되도록 깔끔하고 편안한 분위기에서 찍은 것으로 좋은 인상을 줄 수 있어야 한다. 그리고 사진을 붙일 때는 부착란에 꼭 맞아야 하며 사진이 손상되지 않은 상태여야 한다.
- 이력서 상단에 반드시 응시 부문과 연락처를 명시해야 한다.

3) 이력서 작성법

(1) 인적 사항은 성명, 주민등록번호, 생년월일, 주소, 이메일 주소, 전화번호 등이다. 본적이나 현 주소는 세세한 내용까지 정확히 기재하며 비록 인적 사항이 사실과 다르더라도 주민등록 등본과 초본에 기재된 내용과 동일하게 적어야 한다.

(2) 학력 및 경력 사항은 이력서 내용 중 가장 중요한 부분이다. 학력은 고등학교 졸업부터 적는 것이 일반적이며, 남자는 학교 재학 중에 군복무를 했다면 군복무 사항을 학력 사이의 해당 기간에 넣어야 한다. 또한 최근에는 편입과 전과가 늘어나고 있는 추세로 편입이나 전과를 했다면 해당 사항을 반드시 기재해야 한다.

(3) 경력은 대기업 인턴 사원이나 지원 분야와 관련된 분야에서의 근무 사항을 빠짐없이 기입해야 한다. 그러나 단기간의 아르바이트나 학원 강사 경력은 생략하는 것이 일반적이다. 학력이나 경력 사항을 쓸 때는 한글로 정성스럽게 작성하며 되도록 약자를 쓰지 말고 오자나 탈자가 없도록 주의해야 한다.

(4) 자격 사항은 각종 자격증, 면허증 발급 사항 등을 기재하는 것으로 국가가 공인한 자격증만을 적어야 하며 반드시 취득일과 발령 기관명이 뒤따라야 한다. 상훈 사항은 교내외 행사나 대회에서 수상한 사실을 기록하며 외국어는 대부분의 기업들이 중요시하기 때문에 미미한 경력이라 할지라도 빠짐없이 언급하는 것이 좋다. 그 외 상벌 사항이나 자격증은 지원 분야와 관계된 것만을 기재해야 한다. 그래야 지원 분야에 대한 관심과 능력을 인정받을 수 있기 때문이다.

연습 1. 다음에 제시된 형식에 맞추어 자신의 이력서를 작성해보자.

		이 력 서		
사 진	성　명		주 민 등 록 번 호	
	생년월일	년　　월　　일		
주 소			이메일:	
연 락 처	전화:		휴대전화:	
기　간	학 력 사 항			비　고
기　간	경 력 사 항			비　고
기　간	자 격 사 항			비　고
기　간	상훈			비　고
	위 내용은 사실과 다름 없음			
	년　　월　　일			
	성명　　　　　　(인)			

※ 이력서 제출 양식은 본 책 제일 뒤쪽에 있습니다.

2. 자기소개서 쓰기

1) 자기소개서의 정의

요즘은 취업뿐만 아니라 각종 장학금 신청 및 해외 봉사 활동, 인턴십 등을 위해서 대학생들이 자기소개서를 써야 하는 경우가 많다. 물론 자기소개서가 합격을 보장해 준다고 할 수는 없지만, 탈락의 원인이 되기도 하고, 또한 면접의 기초 자료가 되기도 하니 그만큼 중요한 것이 사실이다. 자기소개서는 다른 사람과 구별되는 나만의 특징을 보여 주어야 한다. 따라서 자신의 개성을 드러내지 못하는 상투적인 자기소개서라면 취업에서 좋은 결과를 기대하기는 어려울 것이다. 또한 자신이 지원하는 회사나 직장에 대한 정보 없이 썼을 경우에도 그 자기소개서는 심사자들에게 좋은 인상을 줄 수 없다.

자기소개서는 취업할 때 회사가 요구하는 지원서의 양식 중 하나로서, 이력서와 함께 자신을 알릴 수 있는 글이다. 이력서는 양식적 틀에 맞추어 써야 하기 때문에 지원자의 개성이나 성격, 가치관 등을 보여주는 데 한계가 있다. 이에 반해 자기소개서는 성격이나 신념, 인생관, 직업관, 의지, 포부, 인간관계 등을 폭넓게 알릴 수 있는 글쓰기 양식이다. 또한 자기소개서는 면접과 더불어 취업을 결정짓는 필수 항목이자 면접의 기초 자료로 활용되기 때문에 매우 중요하다. 이러한 자기소개서의 최종적인 목표는 지원자의 개성과 능력을 잘 표현하여, 지원한 분야에 반드시 필요한 인재임을 보여 주는 것이다.

이처럼 자기소개서는 이력서와는 다른 양식이기 때문에 이력서에서 이야기할 수 있는 내용을 자기소개서에 적는 것을 삼가야 한다. 자기소개서는 제한된 글자 수로 승부해야 하기 때문에 중언부언 할 겨를이 없으며 이력서에 있는 사항을 중첩해서 써서는 안 된다. 일예로, A군과 B군은 입학하면서부터 같은 과, 같은 동아리, 심지어 봉사 활동까지 늘 함께 했기 때문에 두 사람이 나열한 경험들은 거의 유사하다. 같이 수강한 전공 과목, 교양 과목, 동아리 활동, 봉사 활동 등 한 줄로 쓰는 이력서에서는 무엇 하나 다를 바가 없다. 이렇게 쓴 글은, '자기'소개서가 아니라 '우리'소개서가 된다. 다른 사람과 내가 다를 바가 없다는 것이다. 같은 것을 경험하고 같은 과목을 듣고 같이 공부했다고 하더라도 그것을 느끼고 배우고 깨닫는 것은 사람마다 다르다. 그 차이, 나만이 지닌 특별함을 적는 것이 바로 자기소개서이다. 따라서 자기소개서에서 가장 중요한 점은 바로 자신만의 개성을 드러내는 것이다.

자기소개서 쓰기에서 핵심은 두 가지이다. 한 가지는 다른 지원자와 구별되는 자신만의 개성을 구체적으로 표현하는 것이고, 다른 하나는 지원하려는 직장에 대한 정보를 충분히 습득하고 입사 후

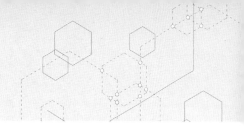

의 포부를 구체적으로 서술하는 것이다. 개성과 정보는 모두 앎에서 나온다. 개성은 '나'에 대한 앎, 정보는 '회사'에 대한 앎이다. '나'에 대한 앎은 내 자신이 어떻게 살아왔으며 어떤 노력을 하고 있고 또 앞으로 어떻게 살고 싶은지 자기 자신에 대해 깊이 들여다보고 자신의 과거와 현재, 미래를 표현하는 것이다. 그리고 '회사'에 대한 앎은 내가 지원하는 회사가 어떤 사업을 진행해 왔고, 현재 주력하는 사업은 무엇이며, 앞으로 어떤 계획을 갖고 있는지 구체적으로 살펴보고 자기화하는 것이다.

최근에는 국가직무능력표준 NCS에 기반한 자기소개서를 요구하는 곳이 많다. 국가직무능력표준이란 산업현장에서 직무를 수행하기 위하여 요구되는 지식·기술·태도 등의 내용을 국가가 산업부문별·수준별로 체계화한 것을 말한다. NCS에 기반한 자기소개서에서는 아무리 뛰어난 경력이 있더라도 해당 직무와 무관하면 기술할 필요가 없다. 외국어 능력이 필요 없는 산업분야에 지원하면서 토익과 토플 등 성적 관련 내용을 기술할 필요가 없다는 것이다.

이 장에서는 자기소개서의 특징은 무엇이며, 어떠한 방식으로 써야 하는지 그 역할과 필요성을 먼저 확인할 것이다. 또한 실제 사례들을 통해 자기소개서의 작성 과정을 알아보고 직접 실습해보도록 하자.

2) 자기소개서 작성 시 유의 사항

일반적으로 신입 사원을 선발하는 경우 서류 전형을 거치게 된다. 대부분 제출 서류로 이력서, 졸업 증명서, 성적 증명서와 함께 자기 소개서를 요구하는데 이력서가 일차적인 평가 자료로서 개개인을 객관적으로 이해할 수 있는 기초 자료라면, 자기 소개서는 이를 보다 깊이 이해할 수 있는 구체적인 자료로 활용된다. 그러므로 서류 전형을 통해 인력을 채용하는 기업에 있어서는 자기 소개서는 합격여부의 결정에 중요한 역할을 하게 된다.

자기소개서는 기업에 따라 일정한 양식을 지정해 주기도 하지만 그렇지 않을 경우, 일반적으로 가정환경, 성장 과정, 성격, 장단점, 특기, 가치관 등의 기본적인 틀을 살려가면서 솔직하고 개성 있게 작성하는 것이 좋다. 심사 담당자가 끝까지 관심을 갖고 자기소개서를 읽게 하기 위해서 지원자는 믿을 수 있는 자기소개서를 써야 한다. 이러한 신뢰를 얻기 위해서는 자신의 체험이나 검증할 수 있는 자료를 통해 설명해야 한다. 아울러 인사 담당자가 가장 궁금해 하는 것은 최근의 모습이기 때문에 되도록 대학 생활 이후의 상황을 많이 언급하고 입사 지원 동기를 자신의 전공 또는 희망과 연관시켜 구체적으로 밝혀 주는 것이 좋다. 특히 자기소개서는 지원하는 기업에 대해 상세히 조사하고 어떠한 인재를 원하는지 파악해야 하므로 각 기업의 성격에 따라 달라질 수 있다.

3) 자기소개서 작성 방법

(1) 지원자의 개성을 살려 독특하게 써야 한다. 경력만을 나열하여 이력서와 다를 바 없는 자기소개서는 인사 담당자의 시선을 사로잡지 못한다. 따라서 자신의 생활철학을 서두에 내세운다든지 시점을 달리해서 쓴다든지, 현재 고민하고 있는 화두를 첫 문장으로 하여 시작한다든지 한다면 개성적인 자기소개서가 될 수 있다. 그렇다고 지나치게 튀는 경우도 역효과를 낼 수 있으니 유의해야 한다.

(2) 지원자의 장·단점이나 특기 사항을 최대한 드러내야 한다. 장점은 자신이 지원하는 기업에서 요구하는 장점을 최대한 살려야 하고 단점은 그 기업의 업무 능력과 무관한 단점을 밝혀야 한다. 시상 경력이나 자격증, 영어 시험 점수 등은 정확한 점수와 급수를 밝혀야 글을 읽는 사람에게 신뢰를 줄 수 있다. 장점을 쓸 때에는 가장 중요한 한 가지를 부각시키고 단점은 개선 가능한 단점으로 지원자가 개선을 위해서 노력하고 있음을 밝혀야 한다.

⑶ 구체적이면서도 간단명료하게 써야 한다. 문장의 길이가 지나치게 길면 끝까지 읽기가 어렵다. 자신이 하고자 하는 말을 구체적인 예를 들어 설명하고 간단명료하게 끝맺어야 한다. 구체적인 체험이나 경험, 자격증 등을 통해 설명한다면 훨씬 신뢰를 줄 수 있다.

⑷ 자기소개서 안의 모든 내용은 반드시 사실에 바탕을 두고 써야 하며 진솔한 내용이어야 한다. 취업에 대한 갈망이 큰 만큼 자칫 자신을 과장과 허위로 포장하는 경우가 있는데, 입사 후에도 허위가 밝혀질 경우 합격이 취소된다. 그리고 글은 그 사람의 내면을 반영하기 때문에, 과장이나 허위로 쓰인 글은 믿음을 줄 수 없다.

⑸ 지원 회사와 관련된 내용을 중심으로 기술해야 한다. 지원 회사에서 어떤 인재를 필요로 하는지, 무엇을 요구하는지를 사전에 철저히 조사한 후 작성하고 지원자가 아무리 뛰어난 특기를 가졌다 하더라도 지원 분야와 아무 상관없다고 판단되는 경우 과감하게 삭제한다. 지원 분야와 상관없는 능력은 상대적으로 지원 분야에는 관심이 없다는 것처럼 보일 수 있기 때문이다.

⑹ 지나친 외국어 사용은 자제해야 한다. 외래어인 경우 어쩔 수 없지만 외국어를 필요 이상 사용하게 되면 거부감을 불러올 수 있다.

⑺ 자기소개서를 쓸 때는 표준어를 사용하고 한글 맞춤법에 맞게 써야 한다.

⑻ 인사 담당자의 시선을 끌기 위해서는 첫 문장이 중요하다. 따라서 각 분야마다 두괄식으로 쓰는 것이 효과적이며 첫 문장은 가장 중요한 내용을 명료하게 표현함으로써 강한 인상을 주어야 한다.

4) 자기소개서 문항들

자기소개서 문항은 특별히 제시된 경우도 있으며, 성장환경 등의 내용을 정해주고 1,000자 내외 등의 제한을 두어 요구하는 경우도 있다. 특정 단체에서 지급하는 장학금을 위한 자기소개서나 해외 봉사처럼 단발적인 수요에 요구되는 자소서일수록 관련하며 특별한 형식이 없을 수 있다. 그러나 기업을 비롯한 비교적 오랫동안 함께할 지원처에서는 매우 다양한 측면을 살펴보기를 원하며 이에 따라 다양한 분야에 대해서 적도록 문항이 짜여있다. 다음은 기업에서 흔히 요구하는 자기소개서 문항 내용이다.

(1) 성장 배경 관련 기술

> • 성장 과정을 구체적으로 기술해 주시오(800자, 16줄 이내).
>
> −○○케미컬
>
> • 살아오면서 힘든 일을 겪게 될 때, 힘이 되는 말이나 경험 등을 이유와 함께 기술하시오.
>
> −○○은행
>
> • 귀하의 성장 과정을 통해 본인을 소개하여 주십시오.(가족, 성격, 학창 시절 등, 1,000byte 이내)
>
> −○○은행
>
> • 자신의 생활 신조(신념, 가치관)와 평소 심신 건강을 위해 하고 있는 활동이 있다면 기술해 주 십시오.
>
> −○○제철
>
> • 본인이 살면서 가치관을 형성하는 데 가장 큰 영향을 끼친 경험이 무엇이며, 그 경험을 통 하여 배운 점과 그 이후의 삶에 영향을 미친 구체적인 사례를 기술하여 주시기 바랍니 다.(1,000byte 이내)
>
> −○○생활건강

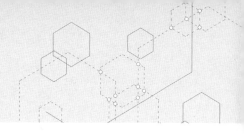

성장 배경 관련 서술은 자기소개서의 맨 첫 부분에 등장하며 공통적으로 요구하는 형식이다. 이 분야는 구체적으로 문항이 제시되지 않은 1페이지짜리 간략한 자기소개서에도 첫머리에 기술하는 것이 좋다. 중요한 것은 단순히 성장 배경을 적기보다는 그러한 배경 속에서 성장하면서 형성된 가치관과 인격 등을 이끌어 내어 서술해야 한다.

(2) 학교 생활과 지식 습득 과정 기술

> • 대학 전공을 선택한 이유는 무엇이며, 지원한 직무에서 어떻게 활용할 계획입니까?
>
> -A회사
>
> • 대학 생활 중 가장 성취감이 컸던 경험과 목표 달성을 위한 본인의 노력에 대해 기술하여 주십시오.(1,000자 이내)
>
> -○○제당

학교 생활이라 함은 주로 대학생활을 말한다. 대학교에서 배운 내용과 학업에 대한 태도를 기술하되 직무와 관련된 사항을 중심으로 적는다. 이때 좋은 결과를 중심으로 적으면 안 되고 과정 중심이 되어야 하며, 성과를 내기 위해 아이디어를 내고 어려움을 이겨낸 사례를 중심으로 적어야 한다.

(3) 장단점 서술

- 다른 사람이 생각하는 본인의 장점이나 단점 중 하나를 기술하고, 그 이유와 그에 대한 본인의 생각을 쓰시오(500자 이내).

  -○○은행

- 나의 장단점 각각 두 가지와, 단점 보완을 위한 노력을 기술해 주십시오.

  -○○중공업

장단점 서술에서 주의해야 할 것은 상투적인 구성과 내용이다. 어떠한 단점을 극복하기 위해 노력했더니 좋은 결과가 나왔다는 형식의 글은 곤란하다. 흔한 구성과 내용으로 서술되었다면 우위를 점하기 어렵다. 단점을 극복하기 위한 과정 중심의 서술이나, 그 과정에서 마주쳤던 다양한 경험들을 서술하는 것이 유리하다. 장점의 경우 그 장점으로 인해 문제가 되었거나 장점이 활용되기 어려운 환경에 처했을 때의 일화를 바탕으로 서술하면 설득력을 얻을 수 있다.

(4) 창의력과 도전 정신

- 자신에게 주어진 일이나 과제를 수행하는 데 있어서 고정관념을 깨고 창의적으로 문제를 해결했던 사례를 구체적으로 기술하시오. (800자 이내)

  -○○항공

- 자신의 경험 중 가장 도전적인 일 또는 실패한 사례는 무엇이며 그 경험을 통해 배운 점은 무엇입니까? (500자 이내)

  -○○하우시스

이 분야에서는 기존에 시도해보지 못했던 방식으로 문제를 해결하거나 실패를 두려워하지 않는 정신을 담도록 한다. 중요한 것은 반드시 성공적인 결과로 이어지지 않아도 된다는 것이다. 멈추지 않는 도전과 창의적인 아이디어를 도출하고 앞으로의 해결 과제로 남겨두는 것 또한 하나의 방법이다.

⑸ 지원동기 및 미래의 포부

• 지원한 직무를 잘 수행할 수 있는 이유를 구체적으로 기술하십시오.

　　　　　　　　　　　　　　　　　　　　　　　　　　　　　　－○○병원

• 많은 직장 중에서 항공사를 선택하게 된 이유, 특히 ○○항공에 지원하게 된 동기 및 입사 후
  포부에 대해 구체적으로 기술하십시오.

　　　　　　　　　　　　　　　　　　　　　　　　　　　　　　－○○항공

• ○○가구에서 성장해 나갈 자신의 10년 후는 어떤 모습일지 기술해 주세요(500자 내외)

　　　　　　　　　　　　　　　　　　　　　　　　　　　　　　－○○가구

• 본인의 역량을 바탕으로 ○○은행의 미래 비전을 제시해 주십시오.(700자 이내)

　　　　　　　　　　　　　　　　　　　　　　　　　　　　　　－○○은행

　지원동기와 미래의 포부는 분리하여 묻는 경우도 있다. 미래의 포부는 가기소개서의 마지막에 거의 빠짐없이 등장하는 문항이다. 이 때 주의할 점은 미래 포부가 구체적으로 제시되어야 하며 이는 지원처의 발전과 연관되어 있어야 한다.

5) 자기소개서 쓰기

성장 배경에 대한 서술

자기소개서는 구체적일수록 좋다. 처음 시작하는 한두 문장에서 승패가 갈린다. 핵심은 심사자의 이목을 오랫동안 붙잡아 두는 데 있다. 아래의 자기소개서는 성장 배경과 자신의 꿈을 엮어서 서술하였다. 성장 배경에서는 무턱대고 가족 구성원을 소개하는 것보다는 하나의 테마를 정하고 그 속에 가족이 소개되도록 하는 하는 구성을 하면 돋보일 수 있다.

> 부모님은 퇴직금으로 카페를 여셨고 경영난을 겪으셨습니다. 저는 어려서부터 그려서 만들어 내는 것을 좋아했습니다. 그러나 부모님은 제가 다른 분야의 재능을 발전시키기를 원하였고, 카페 운영이 어려워지면서 미술 활동 반대는 더욱 심해졌습니다. 그러던 중 엄마의 커피숍의 벽지가 휑하다고 생각해서, "엄마 제가 카페 벽을 꾸며보고 싶어요" 하면서 여쭈어 보았습니다. 그랬더니 흔쾌히 수락하시면서 좋은 생각이라며 재료들을 준비해주셨습니다. 작품의 이름을 '한 마술사의 꿈'이라고 지은 이유는 제가 생각한 이야기입니다. 어떤 인기 없는 마술사는 꿈이 하나 있습니다. 이 마술사는 다른 마술사와 다르게 이름 알리는 것도 힘들고 아무도 관심을 가져주지 않습니다. 그래서 이 마술사는 꿈을 꾸게 되죠. 자기가 생각한 대로 이루어지는 겁니다. 이 마술사는 물이든 주전자에서 물이 나오면서 갑자기 그 물이 카페의 거리로 바뀌게 됩니다. 그리고 사람들이 그 소문을 듣고 이 마술사에게 관심을 갖게 되고 인기 있는 마술사가 되지요. 하지만 이것은 꿈일 뿐이었습니다. 그렇지만 이 마술사는 꿈을 저버리지 않고 열심히 노력을 하게 됩니다. 물론 저도 이 마술사처럼 꿈을 저버리지 않고 노력을 해야 된다고 생각이 듭니다.
>
> 이 벽화 하나가 우리 가족의 미래를 바꾸어 놓았습니다. 이 작품 사진들이 블로그에도 많이 올라오고 손님들도 좋아하셨습니다. 애초에 장사가 안 되어 문을 닫으려던 계획을 수정하게 된 계기다 되었습니다. 지금 부모님은 화가로서 제 꿈을 응원해주고 계십니다.

연습 1. 의미 있는 경험을 확정하여 서술해보자.

대학생활 중 의미 있던 경험의 서술

<마음까지 따뜻하게 만들어 준 완판의 추억>

2학년 축제에 경영학과 친구 7명과 벼룩시장을 했습니다. 처음 2시간 동안 손님은 그저 곁눈질로 물건을 보기만 할 뿐 적극적인 반응을 보이지 않았습니다. 의욕을 잃어가는 팀원을 보며 대책을 세웠습니다. 의견을 모아 보니 문제는 2가지로 압축되었습니다. 우선 목표의식의 부족이었습니다. 판매 자체가 목적이었을 뿐, 구체적인 매출 목표를 수립하지 않았기에 고객 성향이나 분위기에 따른 가격의 유동적 변화가 어려웠습니다. 다음으로는 가게의 분위기였습니다. 판매의 시작은 소비자의 발길을 끄는 것이란 사실을 간과했던 것입니다. 이에 30만 원이라는 구체적 목표를 세우고, 음악을 틀어 분위기를 띄웠습니다. 아울러 구매 고객을 위한 간단한 경품 행사도 신속히 기획해냈고, 팀원들이 진열된 옷을 직접 입고 모델이 되기도 했습니다. 결과는 매우 만족스러웠습니다. 축제가 막을 내린 후 목표 금액 달성은 물론 최고 매출 부스라는 성과를 냈습니다. 이 활동을 통해 마케팅의 다양한 분야를 배울 수 있었고, 수입 전액을 기부함으로써 마음까지 따뜻해질 수 있었습니다.

전공과 관련하여 활동한 내용을 적었다. 벼룩시장 초기의 어려움을 보완하여 문제를 해결해나가는 과정이 잘 서술되어 있다. 문제 해결은 하나의 단계보다는 2-3개의 단계를 설정하는 것이 유리하다. 읽으면 읽을수록 새로운 내용이 나와서 심사자의 이목을 사로잡을 수도 있다. 활동의 의의 또한 마지막에 덧붙여주면서 다양한 측면에서 의의를 서술하는 것이 유리하다.

연습 2. 대학생활 동안 의미 있는 경험을 확정하여 서술해보자.

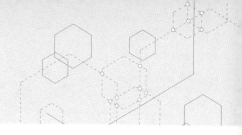

전공지식의 확장 경험 서술

저는 자주 헌혈을 했는데, 적지 않은 양을 일정한 기간에 여러 번 해도 건강을 해치지 않는 원리가 궁금했습니다. 간호사가 알려준 피를 만들어내는 인체의 원리를 생각하면서, "피드백"의 '자동 조절 원리'를 적용하여 헌혈과 혈액 생성, 건강 유지의 관계를 이해할 수 있었습니다. 이 피드백의 원리는 제가 좋아하는 음악에까지 적용해봤는데, 음악선곡과 피드백 원리를 결합하여 음악을 플레이해주는 앱을 만들고 싶어졌습니다. 감상자의 심리상태에 대한 피드백을 음악기기의 랜덤 재생 기능과 결합하여 감상자의 기분을 안정시키거나 업시키는 선곡리스트를 만들어 플레이하는 하는 앱을 구상했습니다. 그러기 위해서 앱은 감상자의 기분을 맥박과 뇌파변화를 통해 감지하는 기능을 가지고 있어야 합니다. 감지하는 과정에서 감정에 따른 특정 신체 부위의 활성도도 참고하는 것으로 했습니다. 저는 이를 구체화하기 위해서는 여러 가지 센서의 구조와 작동 원리, 센서를 이용한 정보의 전달 기기의 정보 변환과 전달 과정에 관한 지식 등을 이용할 수 있을 것이라고 생각했습니다. 더 나아가 전자공학과 심리학 등의 학문 사이의 융합 지식과 기술이 필요하다는 것을 알게 되었습니다. 나름대로 앱의 구상과 설계를 마치고, 설문조사하여 친구들과 주위 사람들의 생각을 알아보았습니다. 조사에서 제가 설계한 심리 상태와 선곡의 장르가 적합한지 등에 관해 지적을 받기도 했지만, 몇몇 친구들은 나중에 그 앱을 실제로 개발하여 자기에게 제일 먼저 달라면서 격려해주기도 했습니다. 이러한 과정을 통해, 과학의 활용을 배울 수 있었고, 그와 같은 앱을 실제로 만들 수 있는 경험을 통해 창의융합의 가치를 깨달을 수 있었습니다.

위 글은 전자공학을 전공하는 학생이 헌혈 경험에서부터 시작하여 음악 선곡 앱을 개발한 내용을 서술했다. 전공지식과 문화를 융합하여 창의적인 발상을 실험한 내용을 담았다. 그리고 그 과정에서 개발된 앱의 성공과 가치보다는 한계를 서술하면서 과정을 통해 자신이 성장한 모습을 보여주고 관심분야를 드러내고 있다.

연습 3. 대학생활 동안 의미 있는 경험을 확정하여 서술하시오.

_____

_____

_____

_____

_____

_____

_____

_____

단점의 특성화 서술

부지런하고 민첩한 엄마는 나의 느릿함을 참지 못하십니다. 엄마는 내가 뱃속에 있을 때부터 행동이 굼떴다고 불평하셨습니다. 출산 예정일보다 3주나 늦게 태어났다면서. 하지만 한국화와 사물놀이에서 '여백의 미'를 발견한 뒤로는 내 단점을 장점으로 보게 됐습니다. 여백이란 빈 공간을 말하는데 이것이 없으면 작품 전체가 아름다움을 잃게 됩니다. 사실 집에서 엄마처럼 행동이 굼뜨다고 핀잔을 주시는 경우도 있지만, 친구들과 모둠 학습을 하거나 아르바이트를 할 때 매우 꼼꼼하다는 평을 받기도 합니다. 나의 꼼꼼함을 높이 평가한 것입니다. 빠르면서 꼼꼼하게 하는 것은 누구나 꿈꾸는 재능입니다. 그러나 이 둘을 가질 수 없는 나라면 나는 차라리 느려도 꼼꼼한 편을 택하겠습니다. 그래서 나는 느리게 살기를 선택했습니다. 느리지만 확고한 발걸음을 내디딜 것입니다.

연습 4. 나의 단점 한 가지를 서술하고 보완했던 경험과 방안에 대해 서술하시오.

_____

_____

_____

_____

_____

_____

_____

연습 5. 나의 장점 한 가지를 서술하고 그것을 더욱 발전시켰던 경험과 방안에 대해 서술하시오.

_____

_____

_____

_____

_____

_____

_____

성장 배경	**「열정없이 하느니 차라리 시작하지 않는 것이 낫다.」** 아버지께서는 끊임없이 도전하여 자신이 목표한 바를 이뤄내시는 열정과 끈기를 지니고 계십니다. 실패에 굴하지 않고 끝까지 자신이 원하는 바를 이뤄내는 끈기는 제가 아버지에게 가장 본받고자 하는 부분입니다. 어머니께서는 평생을 가족을 위해 헌신하시고 화목한 가정으로 이끌어주셨습니다. 자신보다는 남의 입장을 먼저 생각하여 배려하고 도움을 주려고 하시는 것을 보고 배우며 자라왔습니다. 저는 이러한 부모님의 가르침을 받아 매사에 적극적이고, 끈기가 있으며, 남의 입장에 서서 배려할 줄 아는 사람으로 성장하였습니다. 태권도라는 운동을 시작하여 끈기와 열정을 가지고 선수생활을 하면서 힘든 훈련을 선후배 동료들과 같이 견뎌 내면서 동료애가 무엇인지 알게 되었고 서로 협동하고 배려하면서 꾸준히 훈련에 임하여 경기에 입상을 하는 영광까지 얻을 수 있었습니다.
학교생활, 동아리활동, 봉사활동 등	**「끊임없이 도전하고 경험하라!」** 저는 태권도 선수로서 고된 훈련을 견뎌내면서 저의 한계를 뛰어넘는 인내를 배웠습니다, 대학에 진학하면서 총학생회라는 활동(무슨 직책)을 하면서 제가 맡은 직책에 대한 책임과 보람을 느꼈습니다. 그리고 그 경험을 통해 업무를 하면서 생긴 작은 다툼에 서로의 입장을 조정하고 해결하게 되면서 신뢰를 얻었으며, 공과 사를 분명히 하고 융통성 있게 업무를 처리하는 법을 배웠습니다. 대학 시절 총 4번의 공로 장학금을 받았고, 또한 학업도 꾸준히 병행하면서 총 5회의 성적 우수 장학금을 수여하였습니다. 방학에는 시카고로 해외인턴을 나가 태권도 사범으로서 실무지도 활동을 통해 지도력을 향상시킬 수 있었습니다. 또한 저는 태권도 4단, 사범자격증 3급을 보유하고 있습니다.
좌우명, 인생관, 가치관	**「시작은 미약하나 그 끝은 창대하리라.」** 저의 최고의 장점은 끈기입니다. '세상에 불가능이란 없다. 하지만, 시도하지 않으면 아무것도 이룰 수 없다.' 오마타 간디가 한 이 말은 저의 좌우명입니다. 매일 아침마다 가슴 속에 새기면서 인생의 위기가 와도 쉽게 좌절했던 경우가 별로 없고 저의 힘든 선수 시절을 견뎌내며 목표를 이룰 수 있었습니다. 수신제가 치국평천하[修身齊家 治國平天下], 몸을 닦고 집을 안정시킨 후 나라를 다스리며 천하를 평정한다는 내용을 좌우명으로 삼고 있습니다. 저의 역량을 향상시키고 함께 동거동락 할 전우들과의 관계를 원만하게 안정시킨 뒤 나라를 지킴으로써 존경받는 사람이 되어 모두 수신제가 치국평천하하여 저희 국방력향상에 도움이 되는 사람이 되겠습니다.
지원동기 및 비전과 포부	**「나를 알고 적을 알면 백전백승!」** 저는 나라에 꼭 필요한 여성 인재가 되고자 해군 학사장교에 지원하게 되었습니다. 저의 이러한 꿈을 부모님은 매우 자랑스러워 하시며 적극 지원해 주십니다. 해군 학사장교가 된다면 군에 대한 지식과 올바른 판단력을 배양하면서 상·하급자, 동급자들과 부드러운 대인관계를 유지할 것입니다. 리더십·의지력·애국심으로 솔선수범하여 부하들을 통솔하고 부대의 강점과 약점을 분석하고 파악하여 위기가 찾아와도 서로 합심하여 위기를 극복하고 해결하는 부대를 만들 것입니다. 또한 장기복무를 목표로 매사 모든 일에 최선을 다해 임할 것이며 대한민국의 해군 학사장교라는 자부심과 책임감으로 '신노을'하면 모두가 인정하는 대한민국의 해군 장교가 되겠습니다.
위 내용은 진실만을 충실하게 작성하였음을 고지합니다. 2019 년 01 월 01 일 작성자 성명 홍길동 (서명 또는 날인)	

연습 6. 아래의 칸에 자기소개서를 작성해보시오. 구분란에는 자신이 필요하다고 생각하는
항목을 직접 넣어서 서술하시오.

위 내용은 진실만을 충실하게 작성하였음을 고지합니다. 년　　　　월　　　　일 작성자 성명　　　　　　　　　　(서명 또는 날인)	

※ 자기소개서 제출 양식은 본 책 제일 뒤쪽에 있습니다.

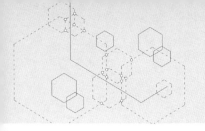

제6장

칼럼 쓰기

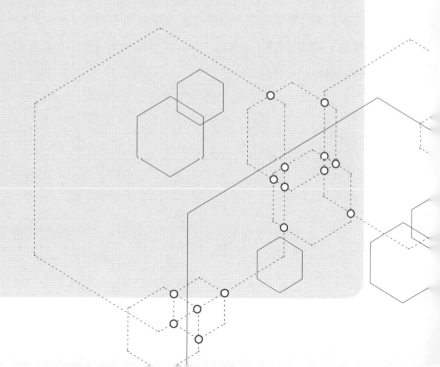

칼럼 쓰기

1. 칼럼이란?

요즘 사회의 이슈는 무엇일까? 사람들은 최근 사회 현상, 관심거리에 대해 어떻게 생각할까? 다양한 시각을 알고 싶으면 칼럼을 보면 짐작할 수 있다.

칼럼이란 신문이나 잡지에 특별히 정해진 난을 두고 주로 시사성이 있는 문제나 사회 문제, 유행 따위에 관하여 평하는 짧은 기사이다. 칼럼은 시대적 상황을 면밀히 반영하며 그에 따른 필자의 시각이 담기기 때문에 시평, 또는 오피니언이라고도 한다.

일간지, 주간지 등의 지정된 난에 칼럼을 담당하는 기자가 쓰는 칼럼도 있고 각 분야의 전문가나 일반 독자가 쓰는 경우도 있다. 시사성 있는 주제에 대한 글쓴이의 입장이 잘 나타난다.

사설이 일반적으로 그 언론사나 회사 자체의 의견, 편집진 전체의 의견을 담고 있는 데 비해 칼럼은 개인의 의견으로 그 칼럼이 실리는 매체의 주장과 다를 수 있다. 또한 사설은 논리적이고 다소 건조한 문체로 매체의 입장을 전달하는 데 반해 칼럼은 수필처럼 자유로운 문체와 표현으로 글쓴이의 개성이 잘 드러난다. 보통 2000자 내외로 쓴다.

개인은 사회의 일원으로서 사회 문제와 무관하게 살아갈 수 없다. 그러므로 칼럼은 동시대의 관심사에 대한 개인들의 입장을 사회 구성원들과 공유하며 다양한 관점을 통해 세상을 바라볼 수 있게 한다는 점에 의의가 있다. 칼럼은 지면을 통해 사회 구성원들이 사회 문제에 대한 의견을 토로하는 소통의 장이라 할 수 있다. 이러한 과정을 통해 개인들은 서로의 관점에 공감하는 계기가 되고 더욱 더 열린 사회를 만들 수 있을 것이다. 열린 사회야말로 성숙한 사회이며 변화와 발전이 있는 창조적인 사회가 아닐까?

2. 칼럼 쓰는 방법

1) 시사성 있는 주제를 설정한다.

주변에서 흔히 보는 사회 현상이나 최근 신문이나 방송 뉴스, 인터넷 뉴스 등에서 자주 거론되거나 논쟁거리가 되는 주제가 칼럼의 대상이 된다.

2) 관련 자료(사례, 연구 결과)를 수집하여 검토한다.

어떤 주제에 대해 좀더 신중하게 접근하기 위해서는 여러 사례들을 통해서 문제를 바라보아야 하며 그 문제에 대한 조사나 연구 결과를 참고할 수 있다.

3) 글을 구상한다.

자료를 검토한 후 현재 상황을 제대로 인식하고 자신의 입장을 정리한다.

주제를 분명히 한다.

자신이 정한 주제를 어떤 방식으로 글에서 구성할지 구상한다.

4) 주제문, 제목을 정한다.

주제문을 정하지 않으면 칼럼이 처음에 의도했던 것과 다른 방향으로 갈 수 있다. 글을 통해서 필자가 하고 싶은 말이 무엇인지 주제문을 분명하게 정한다.

제목은 칼럼의 주제와 내용을 함축하는 쉽고 매력적인 것으로 쓴다. 제목을 확정하기 어려울 경우, 우선 가제목을 정한 후 글을 완성해가면서 다시 고쳐 써도 되니 제목을 결정하느라 지나치게 고심할 필요는 없다.

5) 개요를 작성한다.

개요를 작성하지 않고 글을 쓰려고 하면 어떻게 시작해야 할까 도입부를 쓰기가 어렵고, 글을 완성하는 데에도 시간이 많이 걸린다. 전체적인 글의 흐름이 자연스럽지 않고 불필요한 문장이 생길 수 있다. 또한 중요한 논거를 빼놓을 수도 있다. 글 전체의 통일성과 각 단락의 유기성, 글 전체의 체계적인 구성을 위해서는 개요 작성이 꼭 필요하다.

6) 초고를 쓴다.

(1) 서두

어떻게 칼럼을 시작해야 할지 서두 부분의 시작이 어렵다면 다음에 소개하는 방법을 이용하여 시작해 보자. 도입부는 글의 제목과 주제와 연결이 되고, 나아가 글 전체와 유기적으로 연결되도록 써야 한다.

첫째, 주제와 관련한 현재 상황, 일반적인 인식을 언급한다.

획일적인 패션의 상징인 롱 패딩이 버스 정류장마다, 등하교길마다 줄을 서는 겨울이 왔다. 이상기온으로 올 겨울도 한반도의 혹한이 예고되어 있는 상황에서 패딩은 벌써부터 남녀노소 모두에게 인기 품목이다. 하지만 최근 몇 년간 어느새 국민복이 되어버린 롱 패딩을 볼 때마다 개성 없는 사회의 일면을 보는 것 같아 씁쓸하다.

둘째, 질문이나 문제 제기를 한다. 질문과 문제 제기는 사회 현황이나 뉴스 등과 함께 언급되는 경우도 많다.

과연 쌀값이 폭등한 것일까? 최근 쌀값 폭등이 서민 경제에 큰 영향을 미치고 있다는 여론이 일고 있다. 그런데 관련 부처인 농림축산부 측의 대답은 다르다. 과거와 비교했을 때 쌀값 폭등이 아니라는 것이다. 지난해 한 가마니 80kg 당 가격이 최저로 떨어질 땐 12만 6000원이었는데 이는 1997년도 13만원이 넘던 것에 못 미치는 금액이다. 2018년 현재 한가마니에 19만 3000원인데 작년 같은 기간에는 15만 1000원 정도였다. 그런데 2007년에도 15만원이었던 걸 보면 10년 넘게 쌀값이 동결된 거나 다름없다는 것이다.

이런 상황에서 과연 쌀값이 올랐다고 할 수 있을까? 농민들은 오히려 '쌀 한가마니 24만원', '밥 한 공기 300원 보장'을 요구하며 쌀값 인상을 요구하고 있다. 밥 한 공기에 300원도 되지 않는다니 농부들의 노고를 생각하면 있을 수 없는 일 아닌가?

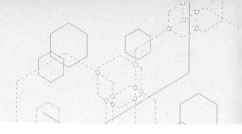

셋째, 경험, 일화, 경구, 뉴스 등을 인용한다.

출근길 버스 뒷좌석에 앉아 무심히 창밖을 바라보고 있는데 대학생들의 이야기 소리가 들려왔다. 그들은 거의 대부분의 형용사에 개를 붙여 말하는 것이었다. 알고 보니 이러한 언어 사용이 청소년, 젊은이들 사이에 유행이라고 한다. 그들은 개재미있어, 개심심해, 개웃겨, 개피곤해, 개잘하는 듯, 개멋져 등, '개'를 마치 접두사처럼 쓰고 있었다.

인터넷 서핑을 즐기는 사람들의 서핑 중 집중력 지속 시간을 연구했는데 겨우 9초에 불과하다는 결과가 나왔다고 한다. 이는 금붕어의 집중력과 같은 수준이라고 한다. 현대인의 집중력 지속 시간이 점점 감소하는 이유가 스트레스뿐만 아니라 '인터넷 서핑'이 큰 몫을 한다고 하는 것은 이 때문이다. 더구나 스마트폰의 일상화로 이러한 집중력 감소 현상은 가속화될 전망이다.

넷째, 용어나 개념을 해설한다.

케렌시아(querencia)는 스페인어로 회복의 장소, 안식처, 피난처라는 뜻이다. 투우장에서 싸우다가 지친 소는 쉴 곳이 필요하다. 투우사를 피해 자기만의 공간에서 가만히 숨을 고르고 기운을 되찾는 장소, 그곳이 케렌시아이다.
이러한 휴식과 충전의 장소는 소에게만 필요한 것은 아니다. 분위기 있는 음악과 아늑한 실내장식, 향긋한 각종 차와 부드럽고 달콤한 디저트가 있는 카페는 현대인의 케렌시아라고 할 수 있다.

'에코필리아'는 에코(eco)와 필리아(philia)가 합쳐진 말로 생명 사랑이라는 뜻이다. 모든 생명은 단독으로는 살 수 없으므로 생래적으로 다른 생명을 사랑하는 본능을 타고난다는 것이다. 자연 속에서 여러 동식물과 어울려 살아온 사람들은 생명 사랑의 본능을 발휘하며 생물들을 사랑하는 법을 배울 수 있었다. 그러나 아파트 단지, 쇼핑센터와 주차장, 빌딩 속에서 살아가고 있는 현대인들은 어디에서 다양한 생물들과 어울리며 사랑하는 법을 배울 수 있을까?
(다음 본문 예문으로 이어짐)

(2) 본문

도입부에서 제시한 문제에 대해 좀더 자세히 설명하거나 논거나 예시를 통해 자신의 의견을 증명한다. 문제에 대한 다양한 시각을 보여 주면서 자신만의 참신하고 개성 있는 시각도 제시한다. 그러나 칼럼은 논증문이 아니므로 강력하게 주장하기보다는 독자가 편안하게 받아들일 수 있도록 부드러운 문체를 유지하는 것이 좋다.

(앞의 서두 예문에 이어)

생명을 사랑하는 본능을 가진 인간은 자연 환경이나 동물들과 함께 있을 때 육체적으로나 정신적으로나 편안함을 느낀다. 암과 같이 치료가 어려운 중병에 걸린 환자들이 마지막으로 숲으로 들어가 호전되는 경우가 종종 있다. 스트레스가 많을 때 사람들은 등산을 하거나 강가나 해변을 걸으며 해소하기도 한다. 또 반려동물로 인해 우울증이 호전되기도 하며 고독한 생활 속에서 반려동물을 돌보며 위로를 받는 사람들도 많아지고 있다.

생물과 가까이 하는 것은 어린이 교육에도 효과적이다. 어릴 때부터 동식물과 놀며 보살피는 법을 배운 어린이들은 성장해서도 자연을 함부로 다루지 않을 것이며 동식물을 훼손하거나 학대하는 일도 적을 것이다. 이렇게 성장한 아이들이라면 자기보다 약한 사람들을 잘 보살피고 도우며 살지 않을까?

공황장애를 비롯한 각종 정신질환과 우울증, 흉악한 범죄가 현대인들을 엄습하는 상황에서 자연 친화적이고 생물 친화적인 삶은 하나의 치유 방법이 될 수 있다. 바쁘고 경쟁적인 사회에서 사람들로부터 소외되어 외롭게 살아가는 사람들에게 자연은 사랑을 표현할 수 있는 대상이 될 수 있기 때문이다. 물론 가족이나 동료 등 인간과의 관계를 개선하는 것도 시급한 문제이지만 자연과 함께 하는 삶이 병행된다면 더 좋은 결과를 만들 것이다.

그렇지만 도시에서 살아가는 대부분의 현대인들에게 자연친화적인 삶을 사는 것은 쉽지 않다. 하루의 전부라고 할 정도로 많은 시간을 닫힌 공간인 회사나 학교에서, 또는 아파트에서 일을 하거나 공부하면서 살기 때문이다. 친환경을 표방한 주거 단지나 교육 기관 등이 늘어나고 있고 자연 체험, 생태 체험 등이 교육 프로그램에 도입되고 있다. 하지만 부분적이고 단편적인 이벤트성 자연 친화 방식이 아니라 근본적으로 우리의 삶 자체를 자연 친화적인 삶의 방식으로 바꾸어 나간다면 인간과 자연이 공존하며 서로를 의지하며 더욱 건강하게 살 수 있지 않을까?

(다음 결말 예문으로 이어짐)

(3) 결말

결말에서는 앞에서 제시한 주장을 강조하거나 문제에 대한 해결 방법, 대안을 제시한다. 또 해결 방안에 따르면 앞으로 어떤 변화가 일어날지 미래에 대한 전망을 제시하기도 한다. 뚜렷한 대안이 없을 때는 독자와 함께 생각해 볼 과제로 남겨 독자에게 생각할 기회를 줄 수도 있다.

(앞의 본문 예문에 이어)

서로 사랑하지 않고는 존재할 수 없는 인간과 인간, 인간과 자연, 이들의 관계를 회복하려면 어떻게 해야 할까? 우리 다함께 답을 찾아보자. 인간은 땅 위에서 다른 생물들과 공생하며 살 수밖에 없는 생물학적 존재이다. 주변 사람들과 서로 도우며 동식물과 어울려 사랑을 주고받으며 살도록 태어났다는 것을 잊지 말아야 할 것이다.

1. 앞의 예시 칼럼을 연결하여 완성해 보면 다음과 같다. 다시 한번 읽고 칼럼의 제목과 주제문, 개요, 글을 읽은 후의 느낌과 의견을 써 보시오.

예시글

  '에코필리아'는 에코(eco)와 필리아(philia)가 합쳐진 말로 생명 사랑이라는 뜻이다. 모든 생명은 단독으로는 살 수 없으므로 생래적으로 다른 생명을 사랑하는 본능을 타고난다는 것이다. 자연 속에서 여러 동식물과 어울려 살아온 사람들은 생명 사랑의 본능을 발휘하며 생물들을 사랑하는 법을 배울 수 있었다. 그러나 아파트 단지, 쇼핑센터와 주차장, 빌딩 속에서 살아가고 있는 현대인들은 어디에서 다양한 생물들과 어울리며 사랑하는 법을 배울 수 있을까?

  생명을 사랑하는 본능을 가진 인간은 자연 환경이나 동물들과 함께 있을 때 육체적으로나 정신적으로나 편안함을 느낀다. 암과 같이 치료가 어려운 중병에 걸린 환자들이 마지막으로 숲으로 들어가 호전되는 경우가 종종 있다. 스트레스가 많을 때 사람들은 등산을 하거나 강가나 해변을 걸으며 해소하기도 한다. 또 반려동물로 인해 우울증이 호전되기도 하며 고독한 생활 속에서 반려동물을 돌보며 위로를 받는 사람들도 많아지고 있다.

  생물과 가까이 하는 것은 어린이 교육에도 효과적이다. 어릴 때부터 동식물과 놀며 보살피는 법을 배운 어린이들은 성장해서도 자연을 함부로 다루지 않을 것이며 동식물을 훼손하거나 학대하는 일도 적을 것이다. 이렇게 성장한 아이들이라면 자기보다 약한 사람들을 잘 보살피고 도우며 살지 않을까?

  공황장애를 비롯한 각종 정신질환과 우울증, 흉악한 범죄가 현대인들을 엄습하는 상황에서 자연 친화적이고 생물 친화적인 삶은 하나의 치유 방법이 될 수 있다. 바쁘고 경쟁적인 사회에서 사람들로부터 소외되어 외롭게 살아가는 사람들에게 자연은 사랑을 표현할 수 있는 대상이 될 수 있기 때문이다. 물론 가족이나 동료 등 인간과의 관계를 개선하는 것도 시급한 문제이지만 자연과 함께 하는 삶이 병행된다면 더 좋은 결과를 만들 것이다.

  그렇지만 도시에서 살아가는 대부분의 현대인들에게 자연 친화적인 삶을 사는 것은 쉽지 않다. 하루의 전부라고 할 정도로 많은 시간을 닫힌 공간인 회사나 학교에서, 또는 아파트에

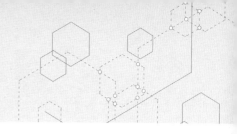

서 일을 하거나 공부하면서 살기 때문이다. 친환경을 표방한 주거 단지나 교육 기관 등이 늘어나고 있고 자연 체험, 생태 체험 등이 교육 프로그램에 도입되고 있다. 하지만 부분적이고 단편적인 이벤트성 자연 친화 방식이 아니라 근본적으로 우리의 삶 자체를 자연 친화적인 삶의 방식으로 바꾸어 나간다면 인간과 자연이 공존하며 서로를 의지하며 더욱 건강하게 살 수 있지 않을까?

서로 사랑하지 않고는 존재할 수 없는 인간과 인간, 인간과 자연, 이들의 관계를 회복하려면 어떻게 해야 할까? 우리 다함께 답을 찾아보자. 인간은 땅 위에서 다른 생물들과 공생하며 살 수밖에 없는 생물학적 존재이다. 주변 사람들과 서로 도우며 동식물과 어울려 사랑을 주고받으며 살도록 태어났다는 것을 잊지 말아야 할 것이다. (2019)

(1) 칼럼 제목

_____

(2) 주제문

_____

(3) 개요

서 두 : _____

본 문 : _____

_____

_____

_____

결 말 : _____

(4) 나의 의견

---

8) 퇴고한다.

퇴고할 때는 다음 사항을 확인한다.

첫째, 제목이 적당한가? 제목을 통해 주제를 예측할 수 있는지, 독자의 흥미를 끄는 제목인지 확인한다.

둘째, 문장의 구성이 체계적인가? 도입, 본문, 결말로 세 단락 이상 단락 구분이 되어 있는지 확인하고 각 단락의 성격에 맞게 글을 전개하고 있는지 살펴본다.

셋째, 단락과 단락의 연결이 자연스러운가?

넷째, 불필요한 부분은 없는가? 문맥상 맞지 않는 문장, 반복된 문장이 있으면 삭제한다.

다섯째, 보충할 부분은 없는가?

여섯째, 문장은 쉽고 간결한가? 모든 글은 쉽고 이해하기 쉬워야 하지만 특히 칼럼은 시사적인 주제를 가지고 일반 대중 독자와 소통하는 것을 전제로 하기 때문에 더욱 쉽고 자연스러운 문장을 사용하는 것이 좋다. 아무리 좋은 내용이라도 전문적인 지식의 나열이나 읽기 까다로운 어려운 문장으로 이루어져 있다면 독자는 그 글에 흥미를 잃게 되므로 필자와 독자의 소통에 장애가 될 수밖에 없다.

마지막으로, 기본적인 맞춤법, 띄어쓰기는 여러 번 확인하고 주변 사람들과 함께 읽어가면서 교정을 하면 자신이 찾아낼 수 없는 실수를 바로잡을 수 있다. 퇴고를 할 때는 꼭 다른 사람의 도움을 받는 것이 좋다.

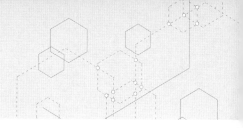

예1) 주 제 : 취업난

　　주제문 : 꼭 회사에 취직할 필요 없다.

　　제 목 : 농부도 직업이다

예2) 주 제 : 긍정 사회의 부정성

　　주제문 : 긍정사회가 부정적인 인간상을 만든다.

　　제 목 : 못한다고 말할 수 없는 사회

예3) 주 제 : 생태계 문제

　　주제문 : 생물다양성을 보존하자.

　　제 목 : 연어가 숲을 살린다

＊다음 주제를 참고해 보시오.

　가성비, 가심비, 가족 해체, 감정대리인, 건축 다양성, 결혼의 의미, 고령화 사회, 국가 폭력, 귀촌, 글쓰기의 필요성, 긍정 과잉 사회, 기부, 기후 변화, 난민, 농업, 다문화사회, 독서의 효과, 동거 확산, 동물권, 동성애, 대체 복무, 대학 입시, 로컬 푸드, 마음 공부, 먹방 시대, 면접의 의미, 미래 식량, 미래 직업, 미세 먼지, 바른 언어 생활, 방사성 폐기물, 비정규직, 비혼 증가, 선거 연령, 소방관 복지, 생태계 변화, 성소수자, 성형수술, 스마트폰의 역습, 승무원의 요건, 쓰레기 처리, 식물의 생태, 안락사, 영리 병원, 예능 프로그램의 변화, 올림픽의 빛과 그늘, 우울증의 원인, 인간 관계, 인공지능 시대, 인생의 목표, 1인 미디어 시대, 의료 윤리, 성소수자, 알고리즘, 열오염, 유전자 조작 식품, 전자파, 정치인의 덕목, 종교, 종교와 영성, 지역화, 직업 윤리, 창업, 취업, 청소년 범죄, 제넨시아, 통일 후의 미래, 플라스틱, 필환경 시대, 학업과 봉사(서비스 러닝), 행복의 조건

(1) 주 제 : _____

주 제 문: _____

칼럼 제목 : _____

(2) 주   제 : _____

주 제 문 : _____

칼럼 제목 : _____

(3) 주 제 : _____

주 제 문 : _____

칼럼 제목 : _____

연습 3. 〈연습〉 2의 세 가지 주제 중 하나를 골라 칼럼을 쓰려고 한다. 주제와 관련된 자료를 찾아 읽고 칼럼을 쓰는 데 필요한 자료를 편집하여 정리해 보시오. (A4 용지 5쪽 분량의 자료를 찾아 인쇄하여 읽고 글을 쓸 때 참고하시오. 자료를 정리할 때는 각 자료의 제목과 출처를 꼭 밝히시오.)

연습 4. 위 〈연습〉 2의 세 가지 주제 중 하나를 골라 개요를 작성하고 칼럼을 써 보시오.

(1) 주 제 : _____

(2) 주 제 문: _____

(3) 칼럼 제목 : _____

(4) 개 요

서 두 : _____

본 문 : _____

_____

_____

_____

결 말 : _____

3. 칼럼 예시

칼럼을 쓰기 전에 다양한 분야의 칼럼을 찾아서 읽어 보면 칼럼을 쓰는 데 도움이 된다.

칼럼을 읽을 때는 칼럼이 드러내고자 하는 주제를 파악하고 그 주제가 제목과 전체 내용 속에 잘 녹아들어 있는지 살펴본다. 각 단락마다 중심 내용을 파악하고 이 중심 내용들이 어떻게 결론으로 귀결되는지 전체적인 구성을 참고하면 통일성 있는 칼럼을 쓸 수 있다.

다음의 칼럼을 읽고 전체적인 내용 구성과 형식적인 구조를 살펴 보자. 각 단락을 주의 깊게 읽고 단락마다 중심이 되는 문장에 밑줄을 그어 보자.

1) 「실패해도 괜찮아」

실패해도 괜찮아

이명희

실패해도 된다면서 세상은 늘 실패하지 않는 법을 배우게 한다. '실패는 성공의 어머니'라곤 하지만, 자신의 무능함을 인정해야 하는 실패는 그 자체로 두려움이다. 어쩌면 실패하지 않는 가장 좋은 방법은 아무것도 하지 않는 것이다. 학교, 취업, 사랑, 돈 때문에 세상은 패배자란 낙인을 찍는다. 그래서 실패는 꼭꼭 묻어두었다가 성공하고 나서야 꺼내보이는 후일담이 되기 마련이다.

그러니 어릴 적부터 실패하지 않으려면 덮어놓고 노력하라는 말을 귀에 못이 박히도록 듣는다. 하지만 아무리 열심히 노력해도 그 노력에 걸맞은 보상이 주어지지 않는 경우가 더 많다. 밤을 새워 연습한다고 해서 누구나 방탄소년단이 되진 않는다. 영화나 드라마에서처럼 기적이나 행운은 우리 곁으로 날아들지 않는다. 분명한 것은 우리들 대부분은 앞으로도 계속해서 실패를 반복할 것이라는 사실이다.

좇을 수 없는 성공스토리 대신 실패의 과정을 모으고 나누는 움직임들이 활발하다. 실패가 달가울 순 없지만, 인생을 성공이나 실패로만 구분짓지 말자는 취지다. 2008년 실리콘밸리에서 시작된 '페일콘'은 벤처 사업가들이 모여 자신의 실패담을 공유하는 행사다. '실패'(fail)와 '콘퍼런스'(conference)의 합성어에서 행사명을 따왔다. '실패'를 주제로 삼은 이 회의는 이제는 프랑스, 이스라엘 등 전 세계 도시에서 열린다. 2014년 멕시코에서 시작된 실패 공유 네트워킹 운동

'퍽업 나이츠'도 있다. '퍽업'은 '개판' '엉망이 되게 함'이라는 뜻으로, 퍽업 나이츠는 여러 차례 시도했다. '개판'을 만들어본 사람들이 그 경험을 나누는 것이다.

국내에서도 지난 주말 광화문광장에서 쓰라린 실패의 경험을 공유하는 자리인 '실패박람회'가 열렸다. 박람회라는 이름이 걸리긴 하지만, '실패를 넘어 도전으로'란 주제로 행정안전부와 중소벤처기업부가 마련한 행사다. 박람회에서는 한때 피자 프랜차이즈 사업을 벌여 '대박'을 터트렸지만 수차례 파산을 겪은 '성신제피자'의 성신제 씨, 첫 식당을 개업할 때 전 재산을 송두리째 날려버린 방송인 홍석천 씨 등이 자신의 실패담을 풀어놓았다. 문재인 대통령도 폐막일인 일요일에 박람회장을 찾아 '국민 모두의 마음을 응원합니다'라는 글을 남겼다.

물론, 실패박람회 한번 열렸다고 세상이 갑자기 바뀌지는 않는다. 과정이 아닌 결과를 중시하는 한국 사회에서 성공이 아닌 실패로 끝난 사람들의 이야기는 쉽게 잊혀지기 때문이다.

실패를 허락하지 않는 한국과는 달리 실패가 낙인이 되지 않는 나라도 있다. 에릭 와이너는 〈행복의 지도〉에서 아이슬란드는 실패를 찬양하는 나라라고 썼다. 이 한마디에 아이슬란드로 떠난 이가 있다. 공사판, 식당, 과수원에서 일하며 30년 가까이 신춘문예에 매달렸지만 번번이 낙선한 50대의 작가 강은경이다. 자신이야말로 패배자라고 여겼던 그는 되레 실패를 찬양한다는 말에 오랜 꿈을 접고 아이슬란드로 떠났다. "소설가가 되려다가 좋은 시절 흘려보내고 노년의 문턱에 들어선 실패자!" 아이슬란드 호숫가에서 만난 할머니에게 그는 고해성사를 하듯 인생의 추레한 시간들을 늘어놓았다. 그때 할머니가 물었다. "당신, 인생 실패한 사람 맞아요? 쓰고 싶은 글 쓰며 살았잖아요. 그랬으면 됐지, 왜 실패자라는 거죠? 당신에겐 사는 게 뭐죠?"(〈아이슬란드가 아니었다면〉)

세상일은 내 뜻대로 흘러가지 않는다. 그래도 실패를 비난하기는커녕 괜찮다고, 할 수 있다고 응원을 아끼지 않는 사회라면 행복해질 수 있지 않을까. 실패를 성공에 이르는 경로가 아니라 삶 그 자체로 받아준다면 말이다. 인생의 많은 부분을 포기한 'N포세대'라는 말까지 나온 마당에 젊은이들이 실패해도 상처받지 않게 하는 것은 사회의 몫이다.

(2018.9.17. 경향신문. 오피니언)

연습 5. 위 예시 칼럼의 각 단락 중심 문장을 찾아 밑줄 친 후에 아래에 쓰시오. 주제문을 쓴 후 칼럼에 대한 자신의 의견을 쓰고 발표해 보시오.

＊제목 :「실패해도 괜찮아」

(1) 중심 문장

서두 : _____

본문 : _____

_____

_____

_____

_____

결 말 : _____

(2) 주제문 : _____

＊나의 의견

- 글의 형식이나 내용의 특징, 제목의 적절성, 주제에 대한 찬반 의견, 읽고 난 후의 느낌 등을 자유롭게 쓰고 이야기해 보시오.

_____

_____

_____

_____

_____

_____

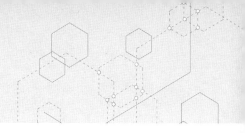

2)「스마트폰이 없는 한국」

스마트폰이 없는 한국

임마누엘 페스트라이쉬

스마트폰이 없는 한국을 상상해 보자는 제안을 할 때마다 한국인들은 내게 무슨 엉뚱한 소리냐는 표정을 지으며 그 이유를 묻는다. 그들은 내가 안경이나 망막에 정보를 투사하거나 전자칩으로 두뇌에 정보를 직접 전달해 스마트폰을 사용하지 않아도 되는 더 첨단화된 '스마트 도시'를 떠올리면서 그런 제안을 하는 것으로 생각하기도 한다. 하지만 내가 제안하는 '스마트폰 없는 한국'의 의미는 글자 그대로다. 지금과 같은 스마트폰의 사용은 없어지거나 반드시 변해야 한다.

지하철을 탈 때마다 거의 모든 사람이 스마트폰에 빠져있는 광경을 본다. 한국인들은 주변 사람과 '절연'된 상태로 있고 싶어하는 듯하다. 게임에 몰입하거나 초콜릿 케이크나 유행하는 옷이 등장하는 사진들을 빠르게 넘긴다. 동영상을 보는 이도 많다. 우리 시대의 심각한 문제를 다룬 책을 읽는 사람은 찾기 어렵다.

그들은 한국이 기후변화 위기와 미국·러시아·중국 사이의 핵무기 경쟁이나 핵전쟁 위험에 대응하는 방법에 관해 관심을 보이지 않는다. 대부분의 언론 보도는 엔터테인먼트 콘텐트처럼 취급되거나 지나치게 단순화돼 있다. 최근 국회에 계류 중인 법안의 내용은 말할 것도 없고, 현재의 복잡한 지정학적 문제를 알리는 노력도 좀처럼 하지 않는다.

한국의 대기환경을 일례로 보자. 나는 한국인들이 자신들과 밀접하게 관련된 이 문제의 원인을 규명하지 못하는 모습을 보면서 충격과 고통을 느낀다. 심지어 고등교육을 받은 사람조차 한국과 중국의 미세 먼지 배출에 대한 정확한 원인을 모르거나, 한국과 중국의 산업 규제 완화에 대해 소비자로서 무엇을 해야 할지 신중하게 생각하지 않는 것 같다. 다시 말해서 사회적 현상이 마치 페이스북에 게시하는 '잡글'처럼 개별 요소로 분해돼 복잡한 현상을 분석하는 능력이 머릿속에서 형성되지 않는 것으로 느껴진다.

스마트폰이 한국인의 두뇌와 사회를 장악해 불길한 방향으로 계속 나아간다면 한국에는 공동체의 목표에 대한 헌신적 삶과 정치적 인식은 쇠퇴해 사라져 버릴 것이다. 그 징후는 이미 나타나고 있다. 충동적이고 불분명한 응답을 장려하는 소셜미디어의 확산과 함께 스마트폰이 이 비극에서 중요한 역할을 하는 것이 두렵다.

스마트폰이 미래 사회에 끼치는 역할에 대한 분석은 다양하다. 많은 전문가가 스마트폰이 우리 삶을 더욱 편리하게 만들고 무한한 양의 정보에 접근하는 것을 가능하게 한다고 한다. 우리가 필요로 하는 것에 잘 대응하게 해 삶을 보다 편안하게 한다는 것이다. 스마트폰은 민주주의의 확장에도 기여한다. 2010년 아랍권에서 일어난 '재스민 혁명'은 스마트폰이 대중에게 선사한 '정보의 민주화'가 촉발했다고 볼 수 있다. 최근 한국에서 일어난 '촛불혁명'도 비슷한 흐름 중 하나다.

그러나 핵심은 '정보의 양'이 아니라 '정보의 질'이다. 스마트폰을 통해 확산하는 정보가 질적으로 과연 우수하다고 볼 수 있는가. 현재 한국의 기성세대는 스마트폰 없이도 대학 내에서만큼은 민주주의를 꽃피웠던 청년들이다. 그들은 어쩌면 스마트폰이 주는 정보를 비판적으로 사용할 줄 아는 마지막 세대가 될지도 모른다. 정부의 무능을 밝히는 '스마트 촛불'은 미래엔 기대하기 어려울 수도 있다.

잡지 '하버드 비즈니스 리뷰' 편집장이었던 니컬러스 카의 저서 『생각하지 않는 사람들』은 인터넷과 스마트폰이 우리의 뇌를 재프로그래밍하고 신경계의 빠른 반응을 부추기지만, 사색과 깊은 사고를 어렵게 만드는 패턴에 뇌가 익숙해지게 한다는 과학적 증거를 제시한다. '생각하지 않는 사람들'은 사회의 임박한 위기를 파악하거나 해결책을 제시할 수 없는 시민들이다. 그들이 주류가 돼 사회를 운영하게 된다면 한국은 점점 더 악몽의 세계에 빠지게 될 것이다.

우리는 과즙이 가득한 한 꽃에서 다른 꽃으로 옮겨가는 나비처럼 하나의 자극적 이야기에서 다음 이야기로 흘러가는 일상을 살고 있다. 우리는 무엇인가 잘못되었지만 정확한 문제가 무엇이고, 그것이 우리의 행동과 어떤 식으로 관련이 있으며, 어떻게 이를 해결할 것인가에 대한 계획 없이 그저 막연한 의식을 가진 채 '읽기'에서 멀어지고 있다. 이 때문에 우리의 세상 인식 방법을 바꿀 수 있는 특정 기술이 민주적 과정에 어떤 영향을 미치는지 따지고, 그 분석에 따라 그 기술 확산 문제를 어떻게 통제할지도 생각해 봐야 한다. 민주주의는 복잡한 사회 · 경제 · 정치적 변화들을 이해하는 능력조차 없이 소셜미디어에서 최신 유행의 상품을 고르는 것처럼 이뤄지는 투표로는 발전할 수 없다.

(2018.12.7. 중앙일보. 오피니언)

6. 위 예시 칼럼의 각 단락 중심 문장을 찾아 밑줄 친 후에 아래에 쓰시오. 주제문을 쓴 후 칼럼에 대한 자신의 의견을 쓰고 발표해 보시오.

＊제목 :「스마트폰이 없는 한국」

(1) 중심 문장

서두 : ＿＿＿＿＿＿＿＿＿＿＿＿＿＿＿＿＿＿＿＿＿＿＿＿＿＿＿＿＿＿＿＿＿

본문 : ＿＿＿＿＿＿＿＿＿＿＿＿＿＿＿＿＿＿＿＿＿＿＿＿＿＿＿＿＿＿＿＿＿

＿＿＿＿＿＿＿＿＿＿＿＿＿＿＿＿＿＿＿＿＿＿＿＿＿＿＿＿＿＿＿＿＿＿＿

＿＿＿＿＿＿＿＿＿＿＿＿＿＿＿＿＿＿＿＿＿＿＿＿＿＿＿＿＿＿＿＿＿＿＿

＿＿＿＿＿＿＿＿＿＿＿＿＿＿＿＿＿＿＿＿＿＿＿＿＿＿＿＿＿＿＿＿＿＿＿

결말 : ＿＿＿＿＿＿＿＿＿＿＿＿＿＿＿＿＿＿＿＿＿＿＿＿＿＿＿＿＿＿＿＿＿

(2) 주제문 : ＿＿＿＿＿＿＿＿＿＿＿＿＿＿＿＿＿＿＿＿＿＿＿＿＿＿＿＿＿

＊ 나의 의견

－ 글의 형식이나 내용의 특징, 제목의 적절성, 주제에 대한 찬반 의견, 읽고 난 후의 느낌 등을 자 유롭게 쓰고 이야기해 보시오.

＿＿＿＿＿＿＿＿＿＿＿＿＿＿＿＿＿＿＿＿＿＿＿＿＿＿＿＿＿＿＿＿＿＿＿

＿＿＿＿＿＿＿＿＿＿＿＿＿＿＿＿＿＿＿＿＿＿＿＿＿＿＿＿＿＿＿＿＿＿＿

＿＿＿＿＿＿＿＿＿＿＿＿＿＿＿＿＿＿＿＿＿＿＿＿＿＿＿＿＿＿＿＿＿＿＿

＿＿＿＿＿＿＿＿＿＿＿＿＿＿＿＿＿＿＿＿＿＿＿＿＿＿＿＿＿＿＿＿＿＿＿

＿＿＿＿＿＿＿＿＿＿＿＿＿＿＿＿＿＿＿＿＿＿＿＿＿＿＿＿＿＿＿＿＿＿＿

3) 「건축으로 본 대한민국 난제 셋」

건축으로 본 대한민국 난제 셋

유 현 준

지금 우리나라 국민은 남녀 · 세대 · 정치성향 · 경제계층 별로 분열되고 대립하고 있다. 또한 대부분 국민은 상대적 박탈감 때문에 불행하다고 느낀다. 자존감은 땅에 떨어져서 심리학자와 정신과 의사들이 쓴 위로하는 책들의 전성시대다. 갈등지수는 계속 높아져서 과연 이 사회가 지속가능한지 걱정되는 수준이다. 낮은 행복도, 교육문제, 청년주거문제 등은 사회가 전방위로 해결책을 모색해야 한다. 여기서는 건축적 시각으로 해결의 실마리를 찾아보려 한다. 건축적으로 보면 문제는 3가지 정도가 있다.

첫째는 '획일화'가 문제다. 우리나라 위정자들은 평등한 사회구축을 목표로 한다. 숭고한 목표다. 그런데 문제는 방법이 잘못됐다. 이들은 평등한 사회를 '획일화'를 통해서만 만들려고 한다. 학교에서 아이들이 다른 옷을 입으면 상처받는 아이가 있으니 똑같이 교복을 입으라고 한다. 다른 반찬을 싸오면 상처가 될 수 있으니 똑같은 식판에 똑같은 음식을 배급하는 급식을 한다. 집도 중산층은 비슷한 모양의 방 세 개짜리 아파트로 통일해 놓았다. 이들은 모든 국민이 다 통일된 방식으로 살게 만들려고 한다. 우리나라 국민이 불행한 이유는 모두 비슷한 모습으로 살아야 하기 때문이다. 모두가 다 같은 모양의 아파트에 살게 되면 그 다음에 가치판단의 기준은 '집값' 밖에 남지 않는다.

우리 국민은 획일화된 삶의 형태를 가지고 있어서 가치판단 기준이 모두 정량화됐다. 집값, 성적, 키, 체중, 연봉이 가치판단의 기준이다. 똑같이 생긴 아파트에 살다보니 "나도 30평 아파트이고 너도 30평 아파트인데 우리 집은 3억 인데, 왜 너희 집은 15억 이냐"는 비교를 할 수밖에 없게 된다. 우리 국민에게 성공한 사람의 표준이 하나다.

19세에 수능을 봐서 서울대에 입학하고 30대에 억대 연봉을 받고 서울 강남구에 중형아파트에 살면서 외제차를 끄는 사람이 성공한 사람이라고 생각한다. 여기서 조금만 삐끗해도 다 '루저'가 된다. 재수해서 20세에 서울대에 가도 19세에 간 친구에 비해서 루저가 된다. 강남에 집을 샀는데 강남구가 아니라 송파구에 사도 루저라고 느낀다. 19세에 서울대에 들어가고 강남구에 집을 사도, 키가 180cm가 안 되면 루저가 된다. 결국 모든 국민은 다 루저가 된다. 획일화된 삶의 방식에서 자기만의 가치가 없게 되면 자존감이 낮아진다.

자존감이 낮으니 『자존감 수업』이라는 책이 백만 권씩 팔린다.

이렇듯 국민의 라이프 스타일을 획일화시키는 대표적인 두 조직은 교육부와 LH다. 이 둘은 지난 50년 간 우리나라를 극빈국에서 지금의 성공적 국가로 성장시킨 주역들이다. 이들의 성공 공식은 표준화와 대량생산이었다. 그런데 그 두 특징이 지금은 우리사회의 발목을 잡고 있다. "내 친구가 40억 원짜리 타워팰리스에 살아도 나는 작은 마당이 있어서 빗소리를 들을 수 있는 내 집이 더 좋다"라고 말할 수 있는 나만의 가치가 있어야 한다. 그러기 위해서는 다양성이 만들어져야 한다. 그러나 우리나라 국민의 주택은 모두 아파트로 공급하고 새로 만들어지는 도시는 하나같이 강남을 흉내 낸 비슷한 모습이다. 혁신도시 세종시의 모습이나, 진주 신도시의 모습이나 판교나 강남이나 구분이 가지 않는다. 신도시 아파트 광고 이미지를 보면 성형외과 광고판을 보는 듯하다.

특히나 획일화가 심한 곳은 '학교'다. 모든 공립학교 건물은 다 비슷하고 교육과정도 똑같고 모두 교복에 급식을 한다. 우리나라 학생들이 얼마나 전체주의적 삶을 살고 있는지를 중학생 아들을 보면서 알 수 있었다. 내가 오랜만에 빨간바지를 입고 나가려고 하자 아들은 나에게 '관종'이라고 놀렸다. 아이들 세계에서는 개성을 표현하는 친구를 관종이라고 놀린다. 이들은 이미 서로 개성을 나타내는 아이들을 잘라내는 가지치기를 해서 다 비슷한 모습을 만든다. 아들과 옷을 사러 가면 항상 회색, 검은색 옷만 고른다. 색깔 있는 옷 입기를 두려워한다. 눈에 띄는 관종이 될까 두려운 거다. 그래서 중·고등학교 학생들의 옷은 검은색과 무채색들이 대부분이다. 획일화된 환경에서 자라난 사람은 자신과 조금만 다른 사람을 보아도 틀렸다고 생각한다. 우리나라 사람들이 쓰는 말의 표현만 봐도 '다르다'와 '틀리다'를 혼돈해서 사용한다. 이것만으로도 우리가 얼마나 다양성에 관대하지 못한지 알 수 있다.

좋은 사회는 30세에 수능을 봐도 되고, 결혼을 50세에 해도 되고, 결혼을 안 해도 되고, 결혼을 해도 아이를 안 가져도 되고, 아이가 있고 이혼을 해도 이상하게 생각하지 않는 사회가 더 많은 사람이 행복할 수 있는 다양성이 있는 사회다. 외국인 노동자들이 들어온 다민족국가가 되는 것이 다양성 사회가 아니다. 단일민족이라도 삶의 형태가 다른 것을 인정하는 것이 다양성의 사회이다. 교육부와 LH는 표준화와 대량생산으로 최빈국의 대한민국을 소득 3만 달러 시대로 만들었다. 그러나 딱 거기까지다. 마치 아폴로 우주선의 1단계 추진체와 같다. '대한민국호'는 이미 성층권에 도달했다. 1단계 추진체는 이제 짐만 된다. 1단계 추진체를 떨어뜨리고 가야할지도 모른다. 지금 우리 사회가 갈등을 줄이고 더 행복해지려면 다양성을 늘리는 쪽으로 우리의 생각과 정책의 패러다임을 바꿔야 한다. 변화된 환경에 살아남으려면 혁신적 진화가 필요하다.

두 번째 문제는 학교건축비 문제다. 우리나라 공공건축물의 단위면적당 공사비 표를 보면 가장 낮은 세 개가 초·중·고 학교다. 학교는 3.3㎡당 550만원에 지어지는데, 교도소는 850만원, 시청 건물은 750만원에 지어진다. 나는 학교는 3.3㎡당 1500만원의 성북동 회장님 집 수준으로 지어야 한다고 생각한다. 모든 국민의 집을 좋게 만들 수는 없다. 하지만 만약에 공립학교를 좋게 만든다면 모든 국민이 인격형성의 어린 나이에 12년 동안 좋은 집에서 살다가 나오는 것이 된다. 이보다 더 세금을 좋게 쓰는 방법은 없다고 생각한다. 지방 균형발전을 한다고 공공기업을 지방으로 억지로 보내고, 거기에 신도시 만드느라 돈을 쓰고, 그랬더니 주변의 기존 도시가 슬럼화되는 현상이 생겨났다. 세금낭비. 지역 균형발전을 원한다면 낙후된 지역부터 3.3㎡당 1500만원에 초호화 학교를 지어주었으면 좋겠다. 그리고 그 주변의 헐값 주택을 젊은 신혼부부들에게 대출을 80% 정도 해주어서 집을 살 수 있게 해주면 좋겠다. 그러면 젊은이들이 좋은 학교에서 아이를 키우면서 동네를 좋게 만들고 그러면서 집값이 오르면 대출금도 갚고 부자가 될 수 있는 세상이 왔으면 좋겠다.

셋째는 청년주거문제를 항상 저렴한 임대주택으로만 해결하려고 하는 것이 문제다. 신문 기사를 보면 한쪽에서는 연 3%의 경제성장을 목표로 뛰고, 다른 쪽에서는 저렴한 임대주택을 공급한다고 한다. 이 정책은 모순이다. 경제성장을 하면 인플레이션이 오고, 집값은 오른다. 그러면 10년 간 편하게 임대주택에 있었던 청년은 10년 후 다 오른 집값의 집을 어떻게 사란 말인가. 정치가들은 국민세금으로 임대주택을 주고 표를 얻을 생각만 한다. 이들은 모든 국민을 '세금혜택의 노예'로 만들려는 듯이 보인다. 당장은 문제해결이 된 듯하지만 그 국민들은 계속해서 정부의 혜택만 구걸하게 하는 영원한 '소작농'이 되는 것이다. 결과적으로 이들은 정치가들의 '표밭'이 된다. 정치가들은 국민의 세금으로 생색을 내고 표를 얻는다. 이들은 국민이 자신들의 선심정책이 필요없는 '지주'가 되기를 싫어하는 사람처럼 보인다. 어른들은 인플레이션과 부동산 가격 상승으로 돈을 다 벌었는데, 젊은이들은 임대주택에 살고 월급을 저금해서 부자가 되라니 젊은이들이 화가 나는 것이다. 신용과 담보로만 대출해주는 세상에서 신용도 담보도 없는 젊은이들에게는 비트코인만이 희망이 되었던 것이다. 청년들에게 임대주택이 아닌 자신의 집을 살 수 있는 방법을 제시해 주어야 한다. 낙후된 지역에 학교를 잘 지어주고 저렴한 주택을 살 수 있게 대출을 해주는 것이다. 그렇게 하면 '교육-청년주거-지역 균형발전' 세 마리 토끼를 잡을 수 있을 것이다. 동서고금을 막론하고 임대주택에 살면서 동네를 좋게 만들려는 '착한 사람'은 많지 않다.

칠레에 유사한 성공사례가 있다. 2016년 프리츠커상을 수상한 알레한드로 아라베나의 작품인 '엘리멘탈'이다. 이 주택단지는 빈민을 위한 공동주택 프로젝트로서 절반만 완성된 주택이다. 저소득자들은 이 주택을 저렴한 가격에 구입해서 주민들이 소득이 늘어나면 주택의 나머지 절반을 개조하거나 증축할 수 있도록 했다. 그렇게 하면서 시간이 흐를수록 각기 다른 모양의 나만의 주택이 완성되면서 다양성과 통일성이 공존하는 도시경관을 완성한다. 이 동네에 좋은 학교를 나라에서 지어준다면 훌륭한 공동체가 완성될 것이다. 똑같은 신도시 그만 만들고 이런 사업에도 세금을 집행해 보았으면 좋겠다.

(2018.10.13. 중앙 선데이)

연습 7. 위 예시 칼럼의 각 단락 중심 문장을 찾아 밑줄 친 후에 아래에 쓰시오. 주제문을 쓴 후 칼럼에 대한 자신의 의견을 쓰고 발표해 보시오.

＊제목 : 「건축으로 본 대한민국 난제 셋」

(1) 중심 문장

서두 : _____

본문 : _____

_____

_____

_____

_____

결말 : _____

(2) 주제문 : _____

* 나의 의견
  - 글의 형식이나 내용의 특징, 제목의 적절성, 주제에 대한 찬반 의견, 읽고 난 후의 느낌 등을 자
    유롭게 쓰고 이야기해 보시오.

_____

_____

_____

_____

_____

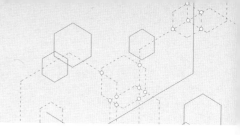

(1) 칼럼 소재 : _____

(2) 칼럼 제목 : _____

(3) 이름(학과) : _____

(4) 주제문 : _____

(5) 개요

서두 : _____

본문 : _____

_____

_____

_____

_____

_____

결말 : _____

〈초고〉

제목 : _____

이름(학과, 학번) _____

_____

_____

_____

_____

_____

_____

연습 8. 앞 〈연습〉 7의 칼럼을 수정하여 완성하시오.

〈수정본〉

칼럼 주제 : _____

칼럼 제목 : _____

이름(학과) _____

_____

_____

_____

_____

_____

_____

_____

_____

_____

_____

_____

_____

_____

_____

_____

_____

_____

_____

_____

연습 9. 앞의 〈연습〉 8에서 완성한 칼럼을 다시 한 번 수정 보충한 후, 워드로 작성하여 프린트해 발표하고 제출하시오. 앞의 〈연습〉 3에서 준비한 자료를 함께 제출하시오.

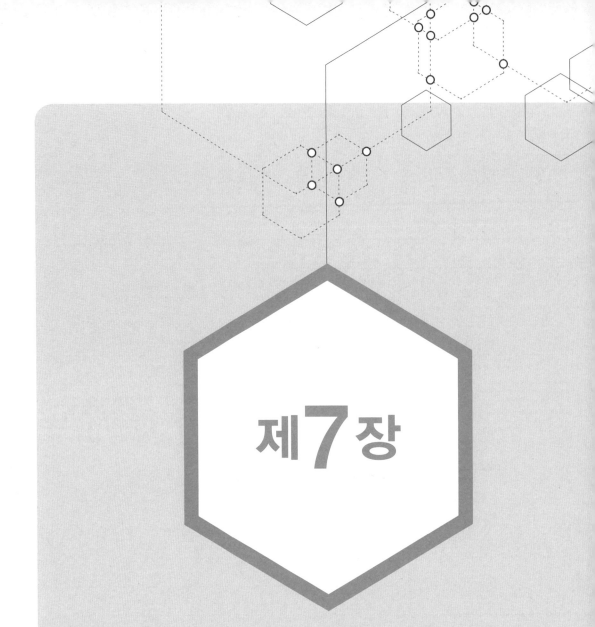

제7장

비평문 쓰기

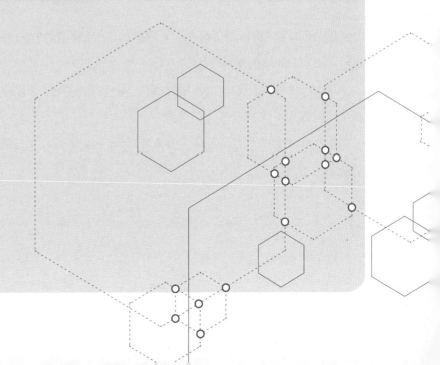

비평문 쓰기

1. 비평문이란?

비평문은 어떤 작품이나 현상에 대한 비평가의 해석과 가치 평가를 포함하는 분석적인 글이다. 비평 대상이 되는 텍스트에 대한 소개 및 문제 제기, 작가와 텍스트의 사회문화적 맥락, 텍스트의 내용과 형식에 대한 구체적인 분석 및 해석, 텍스트에 대한 감상과 평가, 문화사적인 의의 등으로 구성된다.

비평을 부정적인 평가로 오해하는 경우가 있는데, 비평은 긍정적인 측면이든 부정적인 측면이든 작품에 대해 객관적으로 평가하는 것 자체를 의미한다. 그러므로 비평문에는 작품에 대한 올바른 해석과 공정하고 보편타당한 기준에 따른 객관적인 평가가 담겨 있어야 한다.

따라서 비평문에는 대상에 대한 자신의 평가 근거가 명확하게 제시되어야 한다. 관련 사례나 연구 결과 등을 제시하여 자신의 비평에 객관성과 설득력을 부여할 수 있다.

2. 비평문의 구성

비평문의 서두에서는 작품이나 작가, 대상 텍스트와 관련된 개괄적인 정보를 제시한다. 주제와 관련된 뉴스, 일화 등을 소개하기도 한다.

글의 중간에서는 작품의 표현 방식, 다른 작품과의 관계, 작품의 세부적인 내용을 서술한다. 비평 대상이 사회 문화적 맥락에서 어떤 의미를 가지는지를 언급한다.

그리고 마지막 결말 부분에서는 작품에 대한 총체적 의미 평가와 함께 작품의 의의, 전망 등을 밝힌다.

3. 비평문의 의의와 비평 대상의 다양성

비평문은 독자나 텍스트의 수용자들이 텍스트를 더 잘 이해하고 즐길 수 있도록 하며 하나의 텍스트에 대한 다양한 시각을 볼 수 있도록 해 준다. 이를 통해 텍스트 이해의 깊이가 깊어지고 나아가 세상을 보는 시야 또한 넓어진다.

기존 비평문의 소재나 비평 대상은 주로 문학 작품이나 미술 작품, 영화 같은 예술 작품들이었다. 하지만 대중문화를 포함한 우리 생활 주변의 다양한 문화 현상들이 비평 대상으로 확대되어 가고 있다. 그것은 다양성이 중시되는 현대 사회에서 순수 예술 작품 외에도 다양한 문화에 관심을 갖는 사람들이 많아지고 있다는 증거이다. 현대 사회 시민들에게 대중 문화, 일상 문화 역시 다각도로 의미 깊게 평가되고 개성 있는 개인들에 의해 새로운 의미 창출의 매체가 되어가고 있는 것이다.

독서를 한 후 작품의 주제와 관련해 쓰는 독서비평문을 비롯하여 영화, 콘서트 등 공연을 관람하고 쓰는 공연감상 비평문, 유행하는 사회 문화적 현상을 비평하는 문화비평문 등 비평문의 종류는 다양하다. 음식, 패션, 여행, 개그, 놀이, 축제, 스포츠, 게임, 건축물이나 도로 형태 등 동시대를 사는 사람들이 공유하는 삶의 방식 모든 것이 비평의 대상이 될 수 있다. 문화비평문의 경우 한 시기의 사회적 이슈에 대한 접근이라는 점에서는 칼럼과 겹치는 부분이 있다.

4. 감상문과의 차이점

감상문은 텍스트 감상 후의 느낌을 주관적으로 진술하고 자유롭게 서술하는 글이다. 이와 달리 비평문은 객관적인 근거를 기준으로 텍스트의 가치를 체계적이고 구체적으로 평가하는 것이다.

따라서 비평문을 쓸 때는 텍스트가 창조된 시대적인 배경, 작가, 텍스트의 표현 방법 및 주제나 소재 등을 정확하게 이해하고 평가해야 한다. 이를 위해 대상 텍스트에 대한 관심과 깊이 있는 탐구가 필요하다. 대상 텍스트의 가치를 평가함에 있어 설득력 있는 근거를 제시하고 다양한 자료를 참고한다면 더욱 신뢰성 있는 비평문을 쓸 수 있다.

5. 비평문 쓰기

1) 대상 텍스트 선정

비평 대상을 선택할 때는 관심이 있고 흥미로운 텍스트를 선택해야 한다. 텍스트에 대한 관심이 있을 때 더욱 진지하게 대상을 관찰하게 되므로 문제 제기를 정확할 수 있으며, 열정적으로 참고 자료를 찾아보게 된다. 또 글을 쓸 때에도 글에 대한 애정이 생기므로 성의있게 글을 완성할 수 있다.

독서를 좋아하면 기억에 남는 책을 선택할 수 있고 영화를 좋아한다면 영화 비평문을 써 볼 수도 있다. 음악회나 전시회에 다녀왔다면 음악비평문, 미술 비평문을 써도 되고 좋아하는 대중 가요가 있다면 가요 비평문을 써도 좋다. 패션에 관심이 있다면 최근 패션 경향에 대해, 음식에 관심 있다면 최근의 유행하는 음식에 대한 비평을 해도 좋다.

대상 텍스트에 대한 관심이야말로 비평문에서 가장 필요한 요소이다. 필자의 관심을 기반으로 한 텍스트에 대한 진지한 고찰이 개성 있는 글을 탄생시키며 독자에게 유익한 풍요로운 비평문을 완성하는 기초가 될 것이다.

2) 주제문, 제목 쓰기

비평문에서 필자가 독자에게 전하고 싶은 핵심 내용이 글의 주제이다. 주제를 정해 주제문을 구체적으로 써 놓으면 글을 쓸 때에도 주제에서 벗어나지 않고 일관성을 유지할 수 있다.

주제가 정해지면 제목을 정하는 것도 쉬워진다. 제목은 비평문의 주제를 포함하거나 주제를 예측할 수 있어야 한다. 제목이 구체적일수록 글도 구체적으로 쓸 수 있음을 명심하자.

또한 제목은 글의 얼굴이나 다름없다. 독자에게 글의 내용을 짐작할 수 있도록 할 뿐만 아니라 독자의 글에 대한 첫인상을 결정짓는다. 독자에게 인상적이고 매력 있는 제목을 붙여 독자가 글을 읽고 싶도록 한다면 그 글은 버려지지 않을 것이다. 멋진 제목을 생각하다 보면 시간을 많이 쓰게 되는데, 제목이 쉽게 정해지지 않는다면 우선 가제목을 써 놓고 글을 다 쓴 후에 제목을 고쳐 보도록 하자.

3) 자료 모으기

주제를 정했으면 그 주제를 뒷받침할 수 있는 자료를 모아야 한다. 관련 서적과 논문, 또는 인터넷 등을 참고하면 된다. 또 관련 팸플릿이나 포스터 등을 참고할 수도 있다.

인터넷 자료를 참고할 때는 신빙성 있는 자료인지 여러 번 확인하여야 한다. 자료를 올린 작가의 전문성, 전공 등을 여러 경로를 거쳐 검증하는 것이 좋다. 자신이 인용하거나 참고할 정보가 정확한지를 거듭 확인하여 독자에게 잘못된 정보를 전파하지 않도록 해야 한다.

4) 개요 작성

개요는 글을 어떻게 구성할지 전체적인 설계도를 그리는 것이다. A4 용지 1장 내외(1500 ~ 2000자)의 짧은 글에서는 3단 구성이나 4단 구성으로 개요를 작성한다.

삼단 구성은 서론(도입), 본론(전개), 결론(정리)의 순으로 세 개의 큰 부분으로 나누어 글을 쓰는 것이다.

서론에는 글의 목적, 주제, 다루려는 문제의 범위, 문제 접근 방법 등을 제시한다. 또한 주제에 관심을 갖게 된 계기나 배경을 제시하여 왜 이 주제로 비평문을 쓰게 되었는지 독자에게 알리기도 한다. 제목과 마찬가지로 글의 시작인 도입 부분은 글의 첫인상을 결정짓는 부분이다. 첫 부분이 지루하면 독자가 계속 읽고 싶어하지 않을 수 있으므로 인상적인 시작으로 독자의 관심을 끌 수 있도록 한다. 또한 도입 부분에서는 글의 목적이 잘 드러나도록 하고 문제 제기를 명확하게 하며 너무 길게 쓰지 않도록 한다. 보통 본론의 이분의 일이나 삼분의 일 정도의 분량으로 쓴다. 서론은 본론보다 길어지지 않도록 주의한다.

본론은 서론에서 제시한 주제에 대해 구체적 내용을 서술해 나간다. 객관적인 근거를 바탕으로 자신의 생각을 논리적으로 체계를 갖춰 상세하게 쓴다. 근거를 풍부하게 제시하는 것이 주장을 설득력 있게 전달하는 데 도움이 된다. 한 단락으로 쓰기에 많은 내용이면 두 번에서 네 번 정도 단락을 구분해 준다.

결론은 서론과 본론에서 논의했던 내용을 마무리하는 부분이다. 중요한 내용을 요약하거나 문제 해결 방법, 이후 전망 등을 정리한다. 아무리 본론이 훌륭하다 해도 결론에서 정리가 제대로 되지 않거나 성급하게 마무리되면 글 전체가 균형을 읽고 무너지게 된다.

그러므로 본론의 핵심을 정리하면서 자신의 주장이 명백하게 드러나도록 한다. 또한 본론의 내용을 통해 결론적으로 말하고자 한 것이 무엇인지 압축하여 밝힌다. 자신의 주장이나 견해가 사회적으로 어떤 의미를 갖는지, 그것이 방안이 실행될 때 어떤 효과가 발생할지 구체적으로 밝히고 글 전체의 내용을 종합적으로 마무리해야 한다. 남은 문제가 있으면 제시하여 독자에게 함께 생각할 기회를 주는 것도 좋다. 이런 과정을 통해 필자와 독자가 글을 통해 소통할 수 있다.

사단 구성은 도입, 발단, 전개, 결말의 구조로 삼단 구성에서 조금 길어진 구조이다. 삼단 구성의 도입 부분에서, 제시할 내용이나 문제 제기가 길어질 경우에 이용할 수 있다.

5) 단락 구분

단락을 나눌 때는 글 한 편에서 짧은 글은 세 단락, 긴 글은 5~7단락 정도 나누어 쓰면 된다. 필자의 개성에 따라 단락을 적게 나누기도 많이 나누기도 한다. 하지만 아무리 짧은 글이라 하더라도 한 편의 글은 기본적으로 세 단락 이상 단락을 나누어 주어야 한다.

삼단 구성인 경우, 세 단락을 기본으로 한다. 한 단락은 특별한 경우를 제외하고는 적어도 세 문장 이상 쓰는 것이 좋다. 한 단락에 들어가는 내용이 너무 길면 글이 지루해질 수도 있으므로 단락 구분을 적절히 해 준다.

긴 글인 경우, 서론은 1~2단락, 본론은 3~4단락, 결론은 1~2 단락 정도로 나누어 쓰면 된다.

삼단 구성이면 형식 단락이 세 번인데, 이 외에 내용 단락을 명확히 구분해 주면 필자는 글을 쓰기 편하고 독자 입장에서는 글을 읽고 이해하기도 쉽다. 200자 원고지의 경유, 한 쪽에 한 번 정도, A4 용지는 한 쪽에 3~5회 정도 단락을 구분하면 된다.

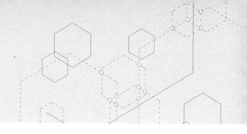

연습 1. 다음 예와 같이 비평 대상을 자유롭게 선정하고 주제문, 제목을 써 보시오.

예1) 대　상 : 류시화 에세이, 「찻잔 속 파리」(2017)
　　　주제문 : 모든 생명을 존중해야 한다.
　　　제　목 : 파리도 생명이다
예2) 대　상 : 영화, [진짜로 일어날지도 몰라 기적](2011)
　　　주제문 : 현재를 소중하게 여기고 꿈을 향해 가자.
　　　제　목 : 일상이 바로 행복이다
예3) 대　상 : 머리 염색 문화
　　　주제문 : 개인의 자유를 인정하자.
　　　제　목 : 염색은 자유

＊ 마땅히 기억나는 작품이 없다면 아래의 추천 텍스트를 참고하자. 책 한 권을 다 읽을 시간이 없다면 『당신이 옳다』의 1장이나 『새는 날아가면서 뒤돌아보지 않는다』에서 하나의 이야기를 골라 읽고 써 보자. 「찻잔 속 파리」를 골라도 좋다. 「찻잔 속 파리」는 작가가 출간 전 연재한 것을 인터넷에서 찾아 읽을 수 있다.

〈 추천 텍스트 〉
- 도서 : 정혜신, 『당신이 옳다』, 해냄, 2018.
　류시화, 『새는 날아가면서 뒤돌아보지 않는다』. 더숲, 2017.
　모타니 고스케 외, 김영주 옮김, 『숲에서 자본주의를 껴안다』, 동아시아, 2015.
　데이비드 스즈키, 오강남 옮김, 『데이비드 스즈키의 마지막 강의』, 서해문집, 2012.
- 영화 : [말모이](2019), [택시운전사](2017), [군함도](2017),
　[아이 캔 스피크](2017), [잡식가족의 딜레마](2015),
　[일일시호일](2019, 일본), [그들이 진심으로 엮을 때](2017, 일본),
　[업그레이드](2018, 오스트레일리아),
　[내 이름은 칸](2011,인도)

(1) 대　상 : _____

주제문 : _____

제　목 : _____

(2) 대　상 : _____

주제문 : _____

제　목 : _____

<연습> 2. 앞의 〈연습〉 1의 비평 대상 중 하나를 골라 개요를 작성해 써 보시오.

(1) 대　상 : _____

(2) 주제문 : _____

(3) 제　목 : _____

(4) 개　요

서　두 : _____

본　문 : _____

_____

_____

_____

_____

결　말 : _____

6) 비평문 예시

비평문을 여러 편 읽어보고 비평문의 특성을 파악해 보면 글을 쓰는 데 도움이 될 것이다. 다음 비평문을 읽고 분석한 후 비평문을 쓰는 데 참고해 보자.

1) 독서비평문 : 윌리엄 맥어스킬, 『냉정한 이타주의자』, 부키, 2017.

기부가 냉정해야 하는 이유
- 『냉정한 이타주의자』를 읽고

학생의 글

흔히 머리보다는 가슴이 시키는 일을 하라고 한다. 열정이 있는 일을 해야만 잘 할 수 있고 후회도 적기 때문일 것이다.

그렇다면 기부로 어려운 사람을 돕고자 할 때는 어떨까? 기부의 효율을 따지고 결과를 확인해야 할까? 선행을 계산기로 계산하고 효율을 수치화해 여러 경우를 비교하는 것이 옳은 일일까?

현대 사회는 대중매체의 발달로 기부 활동 역시 미디어의 영향을 많이 받는다. 미디어의 영향력이 크기 때문에 텔레비전이나 인터넷 매체들은 독자나 시청자 등 사용자의 감정을 자극해 후원금을 내거나 봉사활동을 하도록 한다. 순전히 자신의 적극적인 의지로 선택하지는 않았지만 대부분의 사람들은 정말 누군가에게 도움이 되고 있다고 믿는다. 그리고 다수가 참여한다는 이유로, 유명 연예인들도 함께 한다는 이유로 자세한 활동 방향과 과정을 알아보지 않고 기부하는 경우가 많다.

『냉정한 이타주의자』는 선한 일을 할 때에도 성과를 따져야 한다고 말한다. 기부를 하는데 결과를 따지고 효율을 생각한다면 사람들은 기부의 본질을 흐린다고 생각할지도 모른다. 왼손이 하는 일을 오른 손이 모르게 하라는 말도 있듯이 선행을 할 때는 겸손하게 조용히 하는 것이라는 생각을 갖고 있는 사람들이 많기 때문이다.

그러나 저자 윌리엄 맥어스킬은 여러 기부 활동의 효율에 대한 복잡한 수치들을 보여주며 냉정하게 판단하여 기부하라고 조언한다. 부유한 나라보다는 가난한 나라에 기부할 때 100배 이상의 효율을 볼 수 있다고 한다. 매스컴에서 대대적으로 보도하며 감정에 호소하는 재난 구호보다는 빈민국 빈곤 구제에 기부하는 것이 더욱 효율적이라고 한다. 흔히 바른 행동으로 여겨지는 노동착취 공장 제품에 대한 불매 운동을 하는 것보다, 노동착취 공장 제품을 사 주는 것이 빈곤한 노동자들에게 도움이 된다고 한다. 불매운동의 결과로 공장이 문을 되면 노동자들은 더 값싼 임금을 받는 곳에서 일하게 되거나 실직을 하게 되기 때문이다. 물론 노동착취 공장 제품을 사서 쓰면서 노동자들이 계속 일하게 해주는 한 편 공장주에게 노동환경 개선을 요구해야 한다는 것이다. 감정적으로만 생각해 왔던 부분들이 합리적이지 못했음을 알게 된다.

어쩌면 효율을 따져 이성적으로 기부하는 것은 기부를 어렵게 만들 수도 있다. 기부 단체에 대한 정보가 부족하고 기부 단체가 기부금으로 어떤 사업을 하는지 일일이 찾아내어 비교하는 것이 일반인으로는 쉽지 않기 때문이다. 현실이 이렇다 보니 기부를 지나치게 이성적으로 판단하는 것이 아니냐는 비판도 있을 수 있다. 하지만 기부를 선택한 따뜻한 마음을 제대로 도움이 필요한 곳에 전달하기 위해서는 기부처를 선택하는 데서부터 기부 후의 결과까지 꼼꼼하게 따져 보아야 한다는 저자의 의견에 동의한다.

또한 효율적인 기부를 하기 위해서는 지속적인 기부가 이루어져야 한다. 기부는 가장 효과를 즉각적으로 낼 수 있는 이타주의적 행위이기 때문에 지속적으로 할 때 효과가 증대될 것이다. 하지만 사람들은 공정무역 제품을 사용한다든지, 자신이 한번 기부를 실천했다는 이유로 다음에는 하지 않아도 된다고 안심한다. 이러한 도덕적 허가 효과는 지속적인 기부에 방해 요인이 되기도 한다.

기부 활동이 지속적으로 이루어지기 위해서는 기부 행위에 대한 자극이 있어야 한다고 본다. 국민 다수에게 직결된 세금에 대한 혜택은 다음 번 기부의 동기 부여가 될 것이다. 국민의 기부는 국가의 부담도 줄여주기 때문에 그에 상응하는 대가가 기부자에게 주어지면 기부 활동을 촉진할 수 있을 것이다. 또한 개인의 행복은 공동체와 함께 할 때에라야 진정한 행복임을 일깨워 주는 교육이 강화되어야 할 것이다.

기부하라. 그러나 머리가 일하지 않으면 선행의 결과가 효과적으로 나타날 수 없다. 이것이 기부할 때 냉정해야 하는 이유이다. 뜨거운 마음을 잘 전달하기 위해 차가운 머리로 효율적인 기부를 할 수 있는 방법을 잘 생각해야 할 것이다. 아울러 기부를 원하는 사람들이 손쉽게 기부를 할 수 있도록 기부 단체를 조사하고 연구하여 알려 주는 기관이나 단체가 많아져야 한다.
(2019)

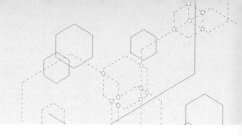

연습 3. 위 예시 글에서 각 단락의 중심 문장을 찾아 밑줄 친 후에 아래에 쓰시오. 주제문을 쓴
후 자신의 의견을 쓰고 이야기해 보시오.

＊제목 : 「기부가 냉정해야 하는 이유」

(1) 중심 문장

서 두 : _____

본 문: _____

_____

_____

_____

_____

결 말 : _____

(2) 주제문 : _____

＊ 나의 의견

– 글의 형식이나 내용의 특징, 제목의 적절성, 주제에 대한 찬반 의견, 읽고 난 후의 느낌 등을 자유
롭게 쓰고 이야기해 보시오.

_____

_____

_____

_____

_____

_____

2) 영화 비평문 : 장량 감독, [영혼의 순례길], 중국, 2018 개봉.

타인을 위한 기도의 길
- 영화 [영혼의 순례길]을 보고

학생의 글

티베트 작은 마을 망캉. 일찍 동생을 잃고 홀로 조카들을 키우며 늙어간 노인, 자신의 동생은 생전에 순례를 하고 싶었지만 못하고 떠났으나 자기만은 꼭 순례를 떠나고 싶어한다. 자신을 길러 준 삼촌의 소망을 이루어주기 위해 삼촌을 모시고 순례를 떠나기로 하는 조카, 소를 너무 많이 죽여 살생을 속죄하고 싶어하는 백정, 태어날 아기를 위해 동참하는 임산부, 학교도 빠진 채 엄마를 따라나선 어린 소녀, 자신의 집을 짓다가 숨진 두 명의 인부를 위해 자식을 순례 보내는 아버지, 각자 다른 이유로 마을 사람 11명이 순례에 나선다.

순례길에서 한 생명이 탄생하고 한 생명이 죽기도 한다. 생과 사, 걷고 기도하고 먹고 일하고 자고 만나고 헤어지고 하는 모든 일상이 길에서 이루어진다. 1년 동안 삼보일배로 2500km를 순례한다.

[영혼의 순례길]은 이 순례 여정을 통해 자연의 일부이며 공동체의 일부로서 인간이 가져야 할 태도를 보여 준다.

첫째, 이 영화는 생명을 존중하는 태도를 보여준다. 벌레가 지나가자 오체투지를 하다가 엎드려 일어나지 않는 순례인, 벌레가 지나가기를 기다렸다가 일어나 앞으로 나아간다. 미물이라도 함부로 하지 않는 마음이 클로즈업된 선명한 벌레의 모습을 담고 있는 영상을 통해 강조된다. 또 이들은 순례중인 부부를 만나는데 부인이 당나귀 대신 수레를 끌고 있었다. 당나귀가 소중하기 때문에 평탄한 길에서는 부인이 끌고 가파른 경사지에서는 당나귀에게 수레를 끌게 한다고 한다. 동고동락하는 당나귀를 위해 라싸에 도착하여 조캉 사원에서 당나귀 털을 놓고 기도해 줄 거라고 하는 이들 부부의 모습에는 동물에 대한 애정이 담겨 있다.

둘째, 나눔과 베풂의 삶이 나타난다. 순례 중 만나는 사람들은 누구라고 서로 차를 권하고 땔감과 음식을 나눈다. 한 노인은 자신의 자식들도 순례중이라며 자신의 집에 쉬기를 권하고 새

184

앞치마가 필요한 아이에게 쓰던 앞치마를 나눠준다. 그들은 그 집의 밭일을 도와준다. 라싸에 도착하여 여비가 떨어지자 여관집 주인은 절을 해 주는 일거리를 주어 그들의 순례를 돕는다. 수미산에서 삼촌이 죽자 조장을 하여 마지막으로 육신까지 새에게 먹이로 나눠 준다.

셋째, 삶의 여유를 볼 수 있다. 아이는 학교에 빠지는 것을 걱정하지 않으며 임산부도 산고의 두려움 없이 길을 떠난다. 도랑에서 젖어도 걸어서 건너지 않고 옷을 적시며 오체투지를 한다. 교통사고를 당하여 경운기가 망가져도 화내거나 수리를 요구하지 않는다. 원망도 다툼도 없다. 망가진 경운기를 손으로 끌며 걸어간 남자들은 목표 지점에 이르자 수레를 놓고 걸어온 길만큼 되돌아가 다시 오체투지를 하며 돌아온다. 이들에게는 서두름이 없다.

넷째, 순례가 남을 위한 것임을 보여 준다. 이들이 애초에 순례를 떠나게 된 계기가 죽기 전 순례를 떠나고 싶어 하는 삼촌의 소원을 들어주기 위한 것이었다. 또 한 아버지는 집을 짓던 인부 두 명이 공사중에 죽자 이들의 영혼을 위로하기 위해 두 아들을 순례 떠나보낸다. 백정 일을 하던 남자 역시 평생 소를 죽인 사람으로서 자신의 살생을 참회하고 소들의 영혼을 위로하기 위해 떠난 것이다. 순례가 타인을 위한 것임은 순례 중 만난 노인의 말에서도 잘 나타난다. 노인은 "삼보일배의 핵심은 경건한 마음이야. 순례는 타인을 위한 기도의 길이지. 모두의 안녕과 행복을 먼저 빌고 자신의 소원을 비는 거야."라고 말한다.

우리가 사는 현대 사회에서는 생명을 존중하고 타인을 돕고 배려하고 함께 나누는 삶, 여유 있는 삶보다는 경쟁하고 바쁜 삶이 미덕이 되어버렸다. 컴퓨터 게임에서는 목표물을 많이 죽여야 점수가 올라가고 학교에서는 점수를 더 받기 위해 경쟁을 강요당한다. 어디에서 생명을 존중하는 마음과 나누고 돕는 공동체 문화, 여유 있는 삶의 태도를 배울 수 있을까?

영화 속 순례인들은 나의 이익과 안녕을 위해 타인을 무시하는 갑질이 성행하는 우리 사회의 모습과는 다르다. 눈이 내리고 봄이 오고 계절이 바뀌어도 서두르지 않고 자신들의 신념을 지키기 위해 순례의 길을 간다. 타인을 위해 기도하고 난 뒤에야 자신을 위해 기도해야 한다는 그들의 신념은 나 개인보다 공동체를 중시하는 태도를 보여 준다. 영화 속 인물들의 이러한 삶의 태도는 경쟁과 성과 사회에서 자신이 속해 있는 공동체의 소중함을 잊고 사는 현대인들에게 경종을 울린다. (2019)

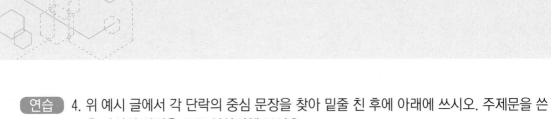

4. 위 예시 글에서 각 단락의 중심 문장을 찾아 밑줄 친 후에 아래에 쓰시오. 주제문을 쓴 후 자신의 의견을 쓰고 이야기해 보시오.

＊ 제목 : 「타인을 위한 기도의 길」

(1) 중심 문장

서 두 : _____

본 문: _____

_____

_____

_____

_____

결 말 : _____

(2) 주제문 : _____

＊ 나의 의견

 - 글의 형식이나 내용의 특징, 제목의 적절성, 주제에 대한 찬반 의견, 읽고 난 후의 느낌 등 자유
   롭게 쓰고 이야기해 보시오.

_____

_____

_____

_____

_____

_____

3) 문화비평문 : 동물축제

동물은 장난감이 아니다, 동물 축제를 멈춰라

학생의 글

2019년 1월 5일 시작된 산천어 축제에 구름같은 인파가 모여 인산인해를 이루었다는 뉴스를 보았다. 축제를 위해 대량 양식된 물고기를 축제다 현장 체험이다 하여 놀이삼아 잡아죽이는 것은 옳지 않다는 네티즌들의 의견이 줄을 잇고 있다. 산천어 축제뿐 아니라 동물 관련 체험 축제가 늘어나고 있다. 함평 나비 축제, 주문진 오징어 축제, 울산 고래 축제, 삼길포 우럭 축제, 군산 세계 철새 축제, 정읍 소싸움 축제 등 그 수를 헤아리기 어려울 정도이다. 2015년 기준 전국 86개 축제에서 동물이 이용되었다는 서울대 수의대 교수팀의 조사 결과가 나왔다. 이 '동물 축제'들은 대부분 동물을 죽게 하거나 죽을 정도의 심한 스트레스를 가하는 내용으로 구성된다고 조사됐다.

동물을 포획하거나 죽이지 않는 축제에 가산점을 주어 100점 만점으로 평가한 결과 90점 이상을 획득한 축제는 군산 세계철새 축제, 서천 철새 여행, 시흥 갯골 체험 축제 3개로 5%에 뿐이었다고 한다. 반면 절대 다수의 동물 축제는 낚시, 맨손잡기, 포획 등을 통해 최종적으로는 동물을 잡아먹는 활동으로 귀결된다고 조사됐다.

특히 문제가 되는 것은 화천 산천어 축제, 함평 나비 축제, 울산 고래 축제가 꼽힌다. 이들은 규모도 크고 인기도 많지만 그만큼 문제도 크다. 화천 산천어 축제가 어이없는 것은 산천어가 화천에서 나지도 않는다는 것이다. 근처 양식장에서 대량으로 생산해 축제에 맞춰 18톤 정도 공급된다고 한다. 그것을 물에 풀어놓고 낚시하고 요리해 먹거나 생으로 먹기도 한다. 짧은 기간에 집약적으로 양식하다 보니 많은 양이 죽고 얼음낚시와 맨손잡기 과정에서 산천어가 겪는 스트레스와 고통도 무시할 수 없을 것이다. 함평 나비 축제의 경우, 축제 기간인 4,5월은 실제 나비에게는 추운 날이라 부화하기 전에 많은 양이 폐사하고 만다. 축제 기간 동안 행사장 부근에서 생활한 나비들은 나름의 번식을 하지만 그조차 축제가 끝나면 완전히 폐장되기 때문에 생태계가 지속되지도 않는다. 울산 고래 축제 역시 고래 포경이 불법인 상황에서 수십 곳의 고래 고기 식당에서 팔리는 고래 고기가 우연히 그물에 걸린 것인지 정확히 알 수 없다고 한다.

동물 축제는 사실 동물을 죽이는 도축 축제라 할 수 있다. 생태계 구조상 인간이 동물을 잡아먹고 살 수밖에 없는 것은 사실이지만 동물이 인간의 놀잇감, 장난감은 아니다. 산천어, 송어, 붕장어 등을 좁은 공간에 몰아넣고 재미로 잡도록 하는 등 생명을 오락물로 소비하는 문화는 교육적으로도 바람직하지 않다. 지그문트 프로이트도 지적했듯이 동물을 학대하다 보면 결국 인간에 대해서도 잔혹함이 횡행할 수 있기 때문이다.

　　화천 산천어 축제의 경우, 규모가 엄청나 외국인에게도 이름나 있는데, CNN에서 세계 7대 겨울 불가사의에서 6번째로 꼽힌 적도 있다. 또 많은 외국인들이 한국 사람들이 산낙지 먹는 것을 보고 놀라며 체험하는 모습은 방송에서도 많이 소개된 바 있고 우리 주변에서도 자주 볼 수 있다. 이러한 모습이 품위 있고 자랑스러운 문화가 될 수는 없을 것이다.

　　대부분의 문화에서는 아무리 동물이라 해도 잔혹하게 취급하는 것을 비윤리적인 행위로 여겨 꺼린다. 동물 역시 인권에 비견되는 생명권을 가지며 고통받거나 학대당하지 않을 권리가 있다는 동물권에 대한 관심이 증대되고 있는 요즘, 동물 축제의 방향을 다시 생각해야 한다. 동물도 엄연한 생명체로서 단순히 돈의 가치, 음식, 옷의 재료, 실험 도구, 오락을 위한 수단으로서 마구 쓰이고 버려져서는 안 되며, 인간처럼 지구상에 존재하는 하나의 개체로서 존중되어야 한다.

　　그러므로 축제라는 이름으로 자행되는 동물 학대를 멈추어야 한다. 반려견, 반려묘뿐만 아니라 많은 동물이 인간의 가족이 되어 인간의 삶을 풍요롭게 해 주고 외로운 사람들에게 위로와 기쁨을 주고 있다. 생태적인 방법으로 동물과 공존하는 축제를 만들어야 한다. 생태 축제로 동물에 대해 배우고 이해하는 과학 축제, 인간도 행복하고 동물도 행복한 진짜 즐거운 축제가 되기를 바란다. 지금처럼 잡고 먹고 버리는 축제가 아니라 고래나 어류, 동물들의 생태를 배우거나 생태계 보존을 주제로 한 콘서트나 백일장, 영화제, 퀴즈 대회, 그림 그리기 대회 같은 것을 하면 어떨까? (2019)

연습 5. 위 예시 글에서 각 단락의 중심 문장을 찾아 밑줄 친 후에 아래에 쓰시오. 주제문을 쓴 후 자신의 의견을 쓰고 이야기해 보시오.

* 제목 : 「동물은 장난감이 아니다, 동물 축제를 멈춰라」

(1) 중심 문장

서 두 : _____

본 문: _____

_____

_____

_____

_____

결 말 : _____

(2) 주제문 : _____

* 나의 의견

- 글의 형식이나 내용의 특징, 제목의 적절성, 주제에 대한 찬반 의견, 읽고 난 후의 느낌 등 자유 롭게 쓰고 이야기해 보시오.

_____

_____

_____

_____

_____

_____

연습 6. 앞의 〈연습〉 2에서 작성한 개요를 정리하여 비평문을 쓰시오.

(1) 비평 대상 : _____

(2) 비평문 제목 : _____

(3) 이름(학과) : _____

(4) 주제문 : _____

(5) 개요

서두 : _____

_____

_____

_____

본문 : _____

_____

_____

_____

_____

결말 : _____

_____

_____

_____

〈초고〉

제목 : _____

이름(학과, 학번) _____

_____

_____

_____

_____

_____

_____

_____

_____

_____

_____

_____

_____

_____

_____

_____

_____

_____

_____

_____

_____

_____

_____

연습 7. 앞 〈연습〉 6 비평문 초고를 수정하여 완성하시오.

〈수정본〉

비평 대상 : ____________________

비평문 제목 : ____________________

이름(학과) ____________________

8. 앞의 〈연습〉 7에서 완성한 비평문을 다시 한번 수정한 후 워드로 작성하여 프린트해 제
출하시오.

제8장

디지털 글쓰기

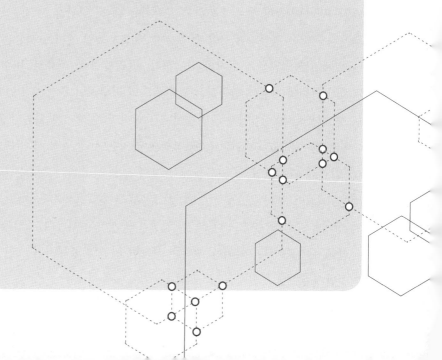

디지털 글쓰기

1. SNS의 위력

[서치Searching, 2018]라는 영화를 보면 아빠 데이빗은 딸에게 온 부재중 전화를 확인하고 뒤늦게 연락해 보지만 딸이 실종됐음을 알게 된다. 경찰이 이 사건을 본격적으로 조사하기 시작하지만 사건은 미궁에 빠진 채 결정적인 단서를 발견하지 못한다. 이러한 상황에서 실종된 날 밤 마고가 향하던 곳이 밝혀지며 새로운 사실들이 발견된다. 딸 마고의 노트북에서 사건의 실마리가 발견된다. 아빠가 딸의 SNS에서 상상도 하지 못한 딸의 진실을 알게 된다는 내용이다.

SNS는 이처럼 현대인의 생활을 기록하고 대중에게 공개하고 개인을 타인과 연결시킨다. 사용자 간의 자유로운 의사 소통과 정보 공유, 그리고 인맥 확대 등을 통해 새로운 사회적 관계를 생성하고 강화시켜 준다. 스마트 기기의 보급이 일반화되면서 SNS를 사용하는 사람이 급증하고 있고, SNS의 종류도 점점 많아지고 있다. SNS를 통해 자기의 의견을 자유롭게 토로하고 상대방의 의견을 접할 수 있으므로 사용자들 간의 소통이 활발해졌다. 사용자들은 SNS로 사람을 사귀고 결혼에 이르기도 한다. 공부도 하고 사업도 하고 쇼핑도 하고 방송도 한다.

또한 SNS는 시민들이 빠른 시간에 공동의 목표를 정하고 그 목표를 달성하기 위해 결집하고 행동하는 데도 큰 도움이 된다. 2016년, 대한민국 시민들은 '촛불혁명'이라고 불리는 범국민운동으로 부패한 박근혜 정권을 몰아냈다. 시민들의 힘은 부패 없는 공정한 사회를 이루기 위한 열망에서 증폭되었지만 시민들이 서로 소통하고 공감하는 데 큰 역할을 한 것은 SNS였다. 이 평화 촛불 집회는 해외에서도 많은 관심과 호응을 얻었으며 2017년 독일 에버트 재단은 촛불 집회에 참석한 한국 시민들에게 에버트 인권상을 수여하기도 했다. 인권상 수상 이유로 '민주적 참여권의 평화적 행사와 특히 평화적 집회의 자유는 생동하는 민주주의의 필수적인 구성 요소인데 대한민국 국민들의 촛불집회가 이 중요한 사실을 전 세계 시민들에게 각인시켜 준 계기가 되었다'고 밝혔다.

이와 같이 SNS는 개인의 삶에 영향을 미치는 것을 넘어 사회 변혁에까지 영향을 미침을 알 수 있다. 그런데 다각적인 소통을 통해 우리의 삶을 풍요롭게 해주는 긍정적인 영향뿐 아니라 부정적인 영향도 늘고 있다. SNS에 공개된 정보는 범죄에 악용되기도 하고 익명성을 이용해 SNS에 상대방에게 상처를 주는 글을 쓰거나 사진, 영상을 공개하는 사용자도 있다. 가짜 뉴스를 만들어내어 사회에 혼란을 주기도 한다. 이러한 행위는 성숙한 시민의 행동이라고 할 수 없으며 범법 행위가 인정되면 처벌받게 된다.

영화 [스노든Snowden, 2016]에서는 테러 방지라는 미명 아래 SNS를 통하여 무차별적으로 개인 정보 수집을 감행하는 국가의 불법 사이버 감시 행위를 폭로하고 있다. 에드워드 조지프 스노든의 실화를 그린 영화로 권력의 시스템에 맞선 한 개인의 위대한 고발을 다루었는데, SNS가 특정 집단의 이념과 이익을 위해 어떻게 이용되는지 실감할 수 있다.

　익명의 다수가 활동하는 SNS에서 누구라도 피해자가 될 수 있으므로 개인 정보 관리 등에 주의해야 하며 성숙한 시민으로서 올바른 용도로 SNS를 사용해야 함을 명심해야 할 것이다. SNS는 여러 사람들이 정보를 공유하고 공유된 정보를 또 공유하는 과정에서 최초 사용자의 의도와는 상관없이 정보가 끊임없이 확대 재생산되므로 자신이 공유한 정보가 왜곡되거나 악용될 수도 있다는 것을 염두에 두고 신중하게 정보를 공유해야 할 것이다.

1. SNS를 활용하여 소통한 경험을 써 보시오.

2. SNS로 인한 사생활 침해 경험이나 사례를 써 보시오.

3. [스노든Snowden, 2016] 등 SNS 관련 영화나 드라마 등을 찾아 감상하고 이야기해 보시오.

2. SNS의 장단점

SNS의 장점은 누구나 콘텐츠를 생산할 수 있고, 빠른 속도로 많은 사람에게 콘텐츠를 전달할 수 있다는 점이다. 예를 들어, 교통 사고로 교통이 정체된다든가 지진이나 홍수 등의 재난이 발생하였을 때 현장에 있는 사람들이 SNS로 정보를 제공하거나 직접 영상을 촬영하여 전달할 수도 있다. 이러한 쉽고 즉각적인 소통이 가능하기 때문에 SNS는 시민의 정치 참여를 활발하게 하여 사회 변혁의 기폭제가 되기도 한다.

그러나 이러한 SNS의 장점이 오히려 사회 문제를 유발하는 단점이 되기도 한다. SNS를 통해 유용한 정보뿐만 아니라 불확실한 정보까지도 쉽게 확산됨에 따라 사회적인 혼란을 유발할 수 있기 때문이다. 또한 익명성을 이용한 타인에 대한 악의적 비방이나 욕설 등은 또 다른 사회 문제를 일으키기도 한다.

SNS에 공유되는 정보는 어떤 분야에 대해 잘 아는 연구자나 전문가가 아니라도 누구나 컨텐츠를 생산하고 공유할 수 있으며 검증할 사이도 없이 확산된다. 이러한 특성 때문에 기존의 대중 매체보다 상대적으로 신뢰도가 낮다는 한계를 가진다. 인터넷이 정보의 바다이기도 하지만 정보의 쓰레기통이라고도 불리는 이유이다.

또한 SNS 사용이 세계적으로 확산되면서, 국가 간 사회적 문화적 특성이 유사해질 수 있다. 그래서 세계의 다양한 연령대 사람들이 SNS를 활용할 경우, 국가 간 세대 간 소통을 방해하던 사회화의 차이도 줄어 소통이 쉬워진다는 장점도 있다. 이러한 양상은 소통의 장애가 줄어든다는 점에서는 긍정적이지만 지역별, 국가별 특성이 사라져 문화 다양성이 줄기 때문에 다양한 문화유산을 창출할 수 없다는 점에서는 부정적인 평가를 내릴 수 있다. 또한 개인의 인성 발달이나 개성에도 긍정적, 부정적 영향을 미치게 된다.

연습 2

1. SNS를 통한 세계화의 장점을 찾아보시오.

1)

2)

3)

2. SNS로 인해 획일화되어 가는 문화가 있는지 찾아보시오.

1)

2)

3)

3. SNS 글쓰기

SNS를 사용하는 이유는 쉽고 빠르기 때문이다. 그만큼 SNS에 글을 쓸 때에는 형식적으로 간결하고 명료하게 써야 한다. 그렇지만 일반적인 글쓰기와 마찬가지로 문장 표현과 구성에 있어서 기본적인 형식을 지켜야 한다. 다양한 사람들이 읽을 수 있으므로 누구라도 이해하기 쉽도록 쉬운 표현, 논리적이고 체계적인 구성으로 쓴다. 문법에 맞지 않거나 비논리적인 표현, 선정적인 표현은 언어 체계를 파괴하며 사회에도 악영향을 미치게 된다.

SNS는 다양한 사람들이 활동하는 공간이기 때문에 특정 독자층을 위한 글일 때에는 독자를 분명히 지정하고 글의 목적을 밝혀 글의 효과를 달성하도록 해야 한다.

SNS의 장점 중 하나인 익명성을 악용하여 무책임한 글을 써서 사용자들에게 불쾌감과 상처를 주는 경우가 많다. 상대방을 배려하는 정중하고 예의바른 표현을 쓰고 지나치게 공격적이거나 오해를 받을 만한 표현을 쓰지는 않았는지 점검하는 태도가 필요하다. 일단 SNS에 글을 올리는 순간 내가 쓴 글이라도 공유되는 과정에서 오용되거나 악용될 수 있으며 내가 통제하기 어려울 수 있다는 것을 명심해야 한다.

내가 바로 SNS 공간을 만드는 사람이다. SNS 사용자 한사람 한사람이 알찬 정보를 나누고 즐겁게 대화한다면 건전하고 유쾌한 소통 공간이 될 것이다.

4. 이메일 쓰기

예전에 편지를 통해서나 만나서 의사 전달하던 것을 바쁜 현대 사회에서는 이메일이나 휴대전화 메시지, 메신저 등이 대신한다. 이메일은 사적인 안부 메일에서부터 서류나 영상 등의 자료를 첨부하여 전송하는 등 공적인 역할까지 활용 범위가 넓어지고 있다. 정보 전달이 신속하고 짧은 시간에 상호 소통이 가능하기 때문에 일상 생활, 사회 생활에서는 물론 대학 생활에서도 자주 이용되는 중요한 소통 도구이다. 대학에서는 학생과 교수 사이의 소통은 물론 과제 제출도 이메일을 통해 이루어지는 경우가 있다.

우리가 잊지 말아야 할 것은 이메일 역시 편지라는 것이다. 원만한 의사소통을 위해서는 예의를 갖추어 써야 함은 물론 편지의 일반적인 형식은 이메일에서도 대체로 그대로 지켜져야 한다.

1) 이메일 형식

(1) 편지의 서두에서는 특정한 대상에 대한 호칭, 인사, 자기 소개를 한다.

(2) 서두 다음으로 용건을 쓰는 사연 부분에서는 메일을 쓰는 주된 목적을 쓴다. 상대방에게 알리고 싶은 말, 묻고 싶은 말을 쓴다. 또는 부탁하거나 지시하기도 한다.

(3) 맺음말 부분에는 마치는 인사를 하고 날짜와 서명을 한다.

(4) 첨가하고 싶거나 강조하고 싶은 내용이 있을 때는 부기, 추신, 또는 추신의 영문 약자 P.S. (Post Script의 약자)라고 쓴 후 내용을 쓴다.

(5) 인사는 건강을 기원하거나 일이 잘 되기를 바라는 내용을 쓴다.

(6) 서명은 'OOO 드림', 'OOO 올림'으로 쓴다.

2) 이메일 작성할 때 유의할 점

(1) 이메일 주소에는 수신인이 쉽게 알아볼 수 있도록 자신의 이름을 넣으면 좋다. 메일 주소가 불분명할 때는 스팸으로 오해받을 수도 있으므로 유의한다.

(2) 제목에 메일 내용을 알린다. 평소 자주 연락하는 사이가 아니라면 제목에 발신인의 이름과 내용을 함께 적어주면 좋다. 중요한 메일일 경우, 제목에 발신인의 이름을 꼭 써 주어야 수신인이 쉽게 발신자를 확인할 수 있고 신속하게 답메일을 보내는 데 도움이 된다.

(3) 받는 사람, 참조, 숨은 참조를 활용하면 편리하다.

받는 사람은 발신인이 용건을 전달하고 답장을 요청하기도 하는 사람이다. 참조인은 수신인 외에 메일 내용을 알아두어야 할 사람으로 답장을 할 의무는 없는 사람이다. 숨은 참조인은 수신인에게 알리고 싶지 않은 참조인으로 다른 사람에게 메일 내용을 알리고 싶으나 수신인에게 알리기를 원하지 않을 때 유용하며 개인 정보를 보호할 수 있다.

(4) 인사를 할 때는 상대에 대한 정확한 호칭과 자기 소개가 필수이다.

특히 공적인 메일인 경우, 인사는 너무 길게 하지 말고 상대방에 대한 호칭을 정확히 해야 일을 처리하는 데 도움이 된다. 자기 소개 역시 소속과 이름, 맡고 있는 업무 등을 세밀하게 밝혀야 한다.

(5) 메일 내용을 쓸 때에는 핵심 내용을 간략하게 두괄식으로 써 주는 것이 좋다.

첨부파일이 있을 경우에는 수신인이 확인을 잊지 않도록 내용의 앞 부분에서 미리 알려 주어야 한다. 메일이 너무 길면 수신인이 끝까지 읽지 않을 수도 있어 중요한 첨부 내용을 전달하지 못할 수도 있다.

(6) 이메일 끝에는 연락처와 함께 서명을 추가하여 상대방이 다시 한번 발신인을 확인하고 필요시 연락할 수 있도록 한다.

(7) 전송하기 전에 이메일 내용을 꼼꼼히 확인해야 한다. 첨부파일이 제대로 첨부되었는지도 확인한다.

(8) 전송한 후에는 보낸 메일을 다시 확인하여 실수가 없도록 한다.

(9) 시각을 다투는 중요한 메일인 경우, 수신 확인이 되지 않을 때는 전화나, 메신저로 메일을 보냈음을 알린다.

(10) 답메일을 쓸 경우에는 어떤 메일 내용에 대한 답메일인지를 제목과 서두에 간단명료하게 밝혀 주며 기일을 엄수하여 신속하게 보내야 한다.

(11) 이메일은 기록으로 남으며 쉽게 다른 사람에게 전달될 수도 있을 뿐 아니라 공개될 수도 있다. 내가 쓴 이메일을 다른 사람이 도용할 수도 있고 불이익을 받거나 오해를 받을 수도 있으므로 신중하게 써야 한다.

(12) 중요한 메일일 경우, 따로 메일함을 만들어 관리하거나 중요메일 표시 기능을 이용하면 유용하다.

5. 메시지 보내기

　전달 내용이 간단할 경우나 사안이 긴급한 경우에 휴대전화 문자, 메신저 등을 이용하는 경우가 많다. 어떤 사실을 상대방에게 알리거나 문의하는 경우에 사용한다.

　메시지를 보낼 때는 먼저 자신이 누구인지를 분명하게 밝혀야 한다. 그저 '교수님 수업을 듣는 학생인데요.'라든가 '무슨 과 학생인데요.'라고만 하지 말고 반드시 학과와 이름을 정확히 밝혀야 오해나 착오로 인한 실수를 줄일 수 있으며 소통을 원활하게 할 수 있다.

　또한 용건은 간단 명료하게 정리하여 보내고 여러 번 메시지를 주고받는 번거로움이 없도록 한다. 사안이 복잡할 경우에는 이메일을 이용하거나 전화를 하거나 직접 만나서 이야기를 해야 한다. 통화가 안 될 경우에는 메시지로 이름과 용건을 남겨 나중에라도 상대방이 연락할 수 있도록 한다.

연습 3

1. 앞의 〈연습〉2를 이메일로 담당교수에게 제출하려고 한다. 메일 내용을 쓰시오.

보내는 사람 _____

받는 사람 _____

제 목 _____

첨 부 _____

내용:

_____

_____

_____

_____

_____

_____

_____

_____

_____

_____

_____

_____

_____

_____

_____

_____

_____

_____

2. 앞의 1번 연습문제 답안을 첨부하여 담당 교수에게 이메일을 보내시오.

3. 가족이나 친구, 또는 주변에 있는 사람들 중 한 사람에게 구체적인 일에 대하여 평소에 하지 못한 감사의 마음을 전하는 이메일을 쓰시오.

보내는 사람 _____

받는 사람 _____

제 목 _____

첨 부 _____

내용:

_____
_____
_____
_____
_____
_____
_____
_____
_____
_____
_____
_____
_____
_____

4. 앞의 3번에서 작성한 이메일을 전송한 후, 받은 이메일 답장을 복사해 붙이고 아래에 옮겨 쓰시오.

보내는 사람 _____

받는 사람 _____

제 목 _____

첨 부 _____

내용:

_____
_____
_____
_____
_____
_____
_____
_____
_____
_____
_____
_____
_____
_____
_____
_____
_____
_____
_____

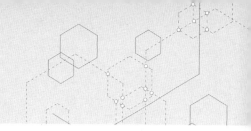

– 답메일 붙이는 곳

제9장

기획하는 글쓰기

1. 기획서의 특징
2. 기획서 작성의 단계
3. 기획서 작성하기

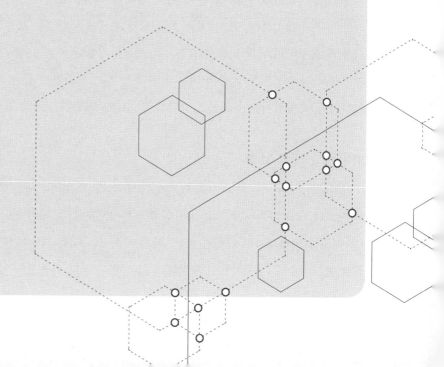

제**9**장   기획하는 글쓰기

기획서는 어떤 문제의 해결책이나 대안을 제시하여 실행하기 위한 자료이다. 기획서는 대학생 글로벌 챌린지 프로그램이나 봉사활동 프로그램에 대한 지원서, 또는 학술활동을 위한 연구 계획서 등이 포함된다. 기획서의 내용이 문제점을 개선하거나 대안을 제시한다는 점에서 실행을 목적으로 하는 글이다.

1. 기획서의 특징

1) 독창적인 기획

기획서는 '어떠한 아이디어로 기획서를 작성할 것인가?'라는 질문으로부터 출발한다. 그러므로 아이디어와 기획이 참신하고 독창적이면 기획서의 성격과 방법 등도 독창적일 확률이 높다. 독창적인 기획이란 이전에 제안되지 않았던 새로운 아이디어를 창출하거나, 아이디어는 일반적이더라도 실행 방법 등에서 참신한 생각을 말한다.

2) 필요와 요구에 부합하는 목표 설정

기획서는 그 기획을 선정하는 사람과 실행의 혜택을 받는 집단을 염두에 두고 작성해야 한다. 그러므로 우선 계획하는 사람은 이들의 필요와 요구에 부합하는 목표를 정확하게 설정해야 한다. 기획서를 왜 요구하며 어떤 내용을 중심으로 작성하기를 원하는지, 그리고 제안 당시의 경향을 감한했을 때 수요자가 선호하는 기획의 내용과 실행 방법은 무엇인지 등을 조사해야 한다. 아울러 자료를 분석하여 그에 부합하는 목표를 정확하게 설정해야 이후의 실행을 효과적으로 진행할 수 있다.

3) 실현 가능한 기획

기획서는 실현 가능한 내용과 방법을 토대로 작성되어야 한다. 기획 실행의 기대효과가 구체적이지 않거나 실행 불가능하거나, 예산의 비효율성으로 인해 실현 가능성이 없는 것을 기획하는 것이라면, 이는 기획서로서의 가치가 없다. 특히 기획서는 실행 과정에서 예산이 사용되는 경우가 많기 때문에 예산 내역을 구체적으로 제시하여 그 사업이 실현 가능성이 있음을 밝히는 것이 좋다.

4) 쉽고 명료한 서술

기획서는 기획 내용을 심사하는 사람이 내용을 정확하게 이해하고 공감했을 때 선정될 확률이 높다. 내용을 이해하기 어려운 경우, 심사자는 기획서를 끝까지 읽지 않을 수도 있다. 따라서 기획하는 사람은 기획 내용을 정확하게 전달하기 위해 쉽고 명료하게 작성해야 한다. 아울러 쉽고 명료한 기획서는 기획을 실행하는 집단이 정보를 공유하고 사업을 추진하는 데 유리하게 작용한다.

2. 기획서 작성의 단계

기획서 작성의 단계는 일반적인 글쓰기 단계와 비슷한 과정을 거친다. 3장에서 언급한 계획의 수립에서부터 고쳐 쓰기까지의 과정을 따르면서, 기획서만이 지니고 있는 특징을 더하면 된다.

1) 기획 분석과 콘셉트 결정

기획서를 작성하기 위해서는 먼저 전략을 분명하게 수립하여 기획서의 콘셉트를 결정해야 한다. 기획서의 콘셉트란 기획의 전체적인 내용과 방향, 골격을 말한다. 기획서의 콘셉트가 정확해야 기획의 목표를 명확하게 설정할 수 있고 실행의 방향도 구체적으로 예상할 수 있다.

2) 자료 수집 및 수요 파악

추진하고자 하는 기획 내용과 관련된 자료를 수집하고, 설득력을 높이기 위해 기획의 수혜 대상이 무엇을 원하는지 수요를 파악한다.

3) 조사 결과 분석

조사 결과를 분석하여 애초에 설정한 방향을 검토하고 수정 보완하는 자료로 삼는다. 아울러 결과를 반영하여 실행 계획을 구체화 한다.

4) 기획의 요약 작성

이상의 과정에서 도출된 내용을 바탕으로 기획서의 대략적인 윤곽을 요약하여 작성한다.

5) 기획서의 작성 단계

표지작성 → 목차 구성 → 내용 작성 → 예산 소요 및 기관 협조 사항 → 기대효과

이상의 과정을 정리하면 다음과 같다.

- 기획의 목적 : 왜 이 기획을 실행하고자 하는가?
- 기획의 내용 : 기획의 주제 및 내용은 무엇인가?
- 실행 시기 : 언제, 어떤 일정으로 실행하고자 하는가?
- 실행의 주체와 방법 : 실행자는 누구이며 기획안의 추진 방법은 무엇인가?
- 소요 예산 : 예산은 얼마나 필요한가?
- 협력 기관 : 협력이 필요한 기관은 어디인가?
- 기대 효과 : 어떤 효과를 거둘 수 있을까?

3. 기획서 작성하기

글쓰기 관련 교과목을 수강한 다음, 그 지식을 바탕으로 봉사활동 기획 공모를 알게 되었다고 가정하자. 공모의 구체적인 내용은, 전공 지식과 연계한 지역 봉사 프로젝트 기획 공모이다.

공간문화컨텐츠를 전공하는 학생으로서 이 공모전에 기획서를 제출하고자 한다면 어떤 과정을 거쳐 기획서를 작성하는지 살펴보자. 기획서는 실행을 전제로 한다. 대부분의 봉사기획은 혼자하는 경우보다 팀을 형성해서 하는 것이 일반적이다. 따라서 기획을 위한 팀을 구성해야 한다. 팀을 구성하면서 역할을 분담하고 팀이 추구하는 방향성을 담아 팀명을 정한다.

연습 1. '전공 지식을 바탕으로 한 지역 봉사활동 기획서' 공모전에 응모하기 위한 팀을 구성하고 역할을 분담하여 토의한 내용을 아래의 표에 정리해보자.

팀명		
기획 주체		
	이름	역할
팀원 명단		
팀장		

- **기획의 분석과 콘셉트 설정**

  공모의 분석 : 글쓰기 교과목 내용 + 전공분야 지식 + 지역봉사

  기획의 콘셉트 : 대학교 주변의 낙후된 벽면에 산뜻하고 활기찬 내용의 벽화 그리기

- **자료 수집 및 수요 조사**

  학교 주변 환경 파악 및 주민 면담을 통한 수요 조사

  지역의 특징을 살피고 지역에 필요한 디자인 수요 조사

- **조사 결과 분석**

  봉사할 구역과 소요 예산 산출

  봉사 구역은 사람들이 많이 다니는 길과 대로변을 중심을 선정하여 파급효과를 극대화

  예산은 벽화그리기의 장점을 살린 것으로 페인트와 붓 정도만 있으면 가능.

  벽화 면적과 디자인에 따라 필요한 페인트 수량 체크.

- **실행 협조 사항**

  해당 공공기관에 봉사내용을 요청하고 필요한 지원을 받음.

  공공기관으로부터 예산지원 방안 협력 및 일정에 따른 교통 통제 등 협조사항 지원

  학교 봉사담당 부서와 논의하여 봉사에 필요한 내용 자문

- **기대효과**

  벽화를 통해 밝은 환경을 마련하여 디자인의 시너지 효과 확산에 기여

  쾌적한 환경을 만들기를 통해 범죄예방 등 시민 의식 개선에 기여

- **기획서의 작성**

  전달력을 강화와 발표를 위해 PPT로 작성

범죄 "꼼짝마" 셉테드(범죄예방 도시디자인)로 안전한 도시 만든다

밝고 화사한 벽화디자인 양전점 하락 물억검토

해당 지역에 대해서...

☑ 연령층 분포

중 노년

청년

☑ 주변이 산과 바다인 친환경적 지역

고리 - 활기한 느낌을 표현
색칸 - 녹색과 푸른색의 조화
☑ (친자연적 지역)

⬐
▪ 자연 친환경적 그림의 비화
▪ 난해하거나 너무 뭐지 많은 색감과 그림
▪ 지역의 향기를 표현

연습 2. '전공 지식을 바탕으로 한 지역 봉사활동 기획서' 공모전에 응모하기 위한 기획서의 과정을 작성해보자.

• **기획의 분석과 콘셉트 설정**

• **자료 수집 및 수요 조사**

• **조사 결과 분석**

• **실행 협조 사항**

• **기대효과**

· **기획서의 작성**

 3. 작성된 기획서의 과정을 바탕으로 '전공 지식을 바탕으로 한 지역 봉사활동 기획서'를
PPT 15쪽 내외로 작성해보자.

제10장

한글 맞춤법

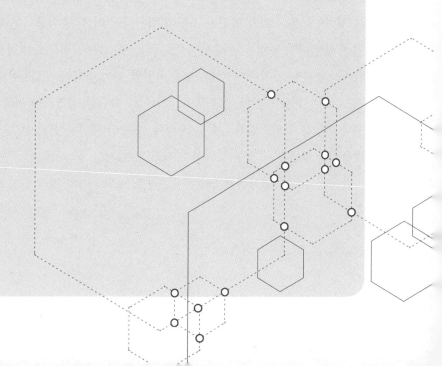

한글 맞춤법

우리는 맞춤법에 어긋난 표현을 사용하여 정확한 의사소통을 하지 못하는 경우를 보곤 한다. 한글 맞춤법에 맞는 표현을 사용하는 것은 이 사회 구성원으로서 사회가 요구하는 형식을 따르는 올바른 표현을 하는 것이다.

한글 맞춤법의 제1 항은 '한글 맞춤법은 표준어를 소리대로 적되, 어법에 맞도록 함을 원칙으로 한다.'이다. 맞춤법에 대한 정의가 비교적 간단한 것에 비해 우리는 일상생활에서 맞춤법을 자주 혼동한다. 맞춤법을 혼동하는 이유는 여러 가지가 있을 수 있으나 주된 요인은 크게 두 가지로 구분할 수 있다.

첫째, 소리를 명확하게 구별하지 못하는 경우이다. 예를 들면 지역 방언을 사용하는 화자의 경우 표준어의 소리와 지역어에서 사용하는 소리가 차이가 나고 이로 인해 정확한 소리 표기를 하지 못하는 경우가 있다. 예를 들면 최근에는 서울 경기 화자들의 경우에도 잘 구별하지 못하는 소리가 된 /ㅐ/와 /ㅔ/는 영남과 호남은 물론 충청 지역의 화자들의 경우 그 소리를 구별하지 못하고 /ㅔ/는 /ㅣ/ 소리로 변화하는 경향을 보인다. 따라서 단어의 소리가 /ㅐ/나 /ㅔ/로 나는 경우 어떤 모음을 선택하는 것이 좋은 지 혼동하는 경우가 있다.

둘째, 어법에 맞게 생각하지 못하는 경우이다. 우리의 교육 현실이 어법과 관련된 교육을 제대로 하지 못해 어법이라고 하면 무조건 어렵고 복잡한 것이라 생각하는 사람들이 많다. 그리고 "우리말은 맞춤법이 너무 어려워!", "왜 이렇게 우리말은 맞춤법이 자주 바뀌는 거야?"하는 등의 불평을 하곤 한다. 그러나 어법은 우리가 사용하는 말과는 별개로 인위적인 규칙을 정한 것이 아니다. 어법(語法)의 법(法)은 우리가 발견한 자연의 법칙과 같이 실제 사용하는 말을 관찰하고, 규칙을 발견해 가설을 정한 다음 증명을 통해 법칙으로 굳은 것이다. 그러므로 어법은 일상생활에서 우리가 사용하는 말에서 비롯한 것이다. 어법(語法)은 복잡한 것이 아니라 '말(語)이 물(水, 氵)이 흐르듯(去) 자연스럽게 흐르는 것'을 말한다. 우리말을 외국어로 학습한 화자라면 몰라도 모국어로 습득한 화자라면 누구나 어법을 자연스럽게 습득하고 있다. 비슷한 예를 떠올려 본다면 사람들이 어려워하는 대부분의 맞춤법을 해결할 수 있는 능력을 가지고 있다.

다음은 우리가 일상생활에서 흔히 혼동하는 맞춤법의 예를 들어 보인 것이다.

1) 소리를 명확하게 구별하지 못하는 경우

(1) 며칠/ 몇 일

오늘이 몇 년, 몇 월 (며칠/몇 일)이지?

몇 년, 몇 월과의 일관성을 고려하여 '몇 일'로 예상할 수도 있다. 그렇지만 '몇 월'이 [며둴]로 소리 나지만 '몇 일'은 [며딜]이 아닌 [며칠]로 소리 나기 때문에 '며칠'로 적는다.

(2) 금세 / 금새

한참 걸릴 줄 알았는데 (금세/금새) 끝났어.

소리를 구별하지 못하는 경우와 단어의 어원을 정확히 몰라서 혼동하는 경우이다. 먼저 /ㅔ/와 /ㅐ/를 구별하지 못하여 혼동할 수 있다. 둘째, 어원을 몰라 자주 사용하는 '어느새'에 이끌려 '금새'라고 혼동할 수 있다. 그러나 '금세'는 '금시(今時) + 에'가 줄어든 말로 '금세'로 적는다.

요새/요세

(3) 되 / 돼

그래서 흥부는 부자가 (되/돼).
아버지께서는 부지런한 사람이 (되라고/돼라고) 말씀하셨다.

국어의 /외/, /왜/, /웨/는 그 소리가 같아 사람들이 소리를 구분하지 못하기 때문에 혼동하는 경우이다. 그러므로 소리를 구분하기 보다는 유사한 어법을 생각하여 구별하는 것이 도움이 된다. '되-'에 '-어'로 시작하는 어미가 연결되어 줄어들면 '돼'가 된다. '되었다-됐다', '되어서-돼서'와 같이 같은 음이 축약된 경우이다.

첫 문장처럼 "부자가 돼"와 같은 경우에는 문장의 종결어미를 생각해야 한다. 한국어의 문장 마지막은 항상 용언의 마지막에 문장 종결어미가 결합되기 마련이다. "빨리 가"의 '가'의 경우 '가다'라는 동사 어간 '가-'에 종결어미 '-아'가 결합되어 어간의 'ㅏ'가 생략된 경우이다. 이 경우 가장 쉽게 구별할 수 있는 방법은 '하-'와 '해'로 바꾸어 보는 방법이다. "부자가 하"는 어색하고 "부자가 해"는 자연스럽다. 그러면 '되'와 '돼' 중 적당한 것은 '돼'이다. 또 "사람이 하라고"는 자연스럽고 "사람이 해라고"는 부자연스럽다. 그러면 '사람이 되라고'가 옳은 표현이다.

'되라'는 '되- + -(으)라'의 구조이므로 '되- + -어라'의 '돼라'와는 구별해야 한다.

(4) 만듬 / 만듦

이 흙으로는 찻잔을 (만듬 / 만듦)이 좋겠다.

이 예문을 혼동하는 것은 우리가 잘못된 소리를 내고 있기 때문이다. 국어에서 명사형을 만들 때에는 동사의 어간에 '-(으)ㅁ'을 결합하는 방법이 있다. 어간의 받침 유무에 따라 '가다-감', '먹다-먹음'과 같이 결합한다. 그런데 받침이 'ㄹ'로 끝난 동사의 경우 '-음'이 아닌 'ㅁ'만 결합한다. 따라서 '만듦'이라고 하는 것이 옳다. 그런데 우리는 흔히 /만드미/와 같이 발음하는 오류를 범한다. 그러므로 /만들미/라고 발음하는 것이 옳다.

(5) 바라/바래

언제가 행복하길 (바라 / 바래)
그것은 우리의 (바람 / 바램)이었어.

일상생활에서 우리가 흔히 잘못 발음하고 있는 경우이다. '생각이나 바람대로 어떤 일이나 상태가 이루어지거나 그렇게 되었으면 하고 생각하다.'의 의미를 가진 '바라다'의 어간은 '바라-'이다. 그러므로 문장 종결어미가 연결되면 '가-+-아'가 '가'로 변하는 것처럼 '바라-+-아'는 '바라'로 적는다. 또한 국어에서 명사형을 만들 때에는 전술한 바와 같이 동사의 어간에 '-(으)ㅁ'을 결합하므로 '바람'이 된다.

계속되는 가뭄에 사람들은 비가 오길 (바랐다 / 바랬다).

(6) 어서 오십시오 / 어서 오십시요

안녕히 (가십시오 / 가십시요)

무엇을 (할까오 / 할까요)?

두 문장의 발음은 모두 /어서 오십씨요/로 동일하게 발음된다. /ㅣ/ 모듬 뒤에서 연이어 발음되는 /ㅗ/가 /ㅛ/로 발음되는 것은 국어에서 자연스러운 발음 현상이다. '-요'가 '-오'와 혼동되는 경우는 '-요'가 문장의 끄트머리에 놓일 때인데, 문장 끄트머리에서 '-오'는 필수적인 요소이지만 '-요'는 생략이 가능한 임의적인 요소이다. 그러므로 '-오'는 생략이 불가능하고, '-요'는 생략해도 문장이 성립이 된다.

(7) 란 / 난 , 량 / 양

(독자란 / 독자난), (어린이란 / 어린이난)

(노동량 / 노동냥), (일량 / 일양)

첫 번째와 같이 모음 뒤에 나오는 '란'과 '난', '량'과 '양'은 정확히 발음을 구분해서 사용해야 한다. 그런데 자음 뒤에 연결되는 '란'과 '난', '량'과 '양'은 그 소리가 /노동냥/, /일량/으로 동일하게 발음된다. 이 경우는 소리나는 대로 적는 것이 아니라 어법에 맞게 적어야 한다.

한 음절로 된 한자어 형태소가 한자어 다음에 결합할 경우에는 독립된 단어로 보기가 어렵다. 그런 까닭에 본음대로 적는다. 그렇지만 고유어 뒤에 한자어가 결합한 경우는 뒤의 한자어 형태소가 하나의 단어로 인식되므로, 두음 법칙을 적용하여 적어야 한다. 외래어가 앞에 올 때도 고유어와 마찬가지로 두음 법칙이 적용된다.

분량이나 수량을 나타내는 말로, 고유어와 외래어 명사 뒤에는 '양'을 쓰고, 한자어 명사 뒤에는 '량'을 쓴다.

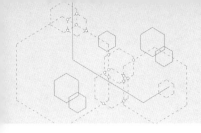

(8) 율 / 률

(충원율 / 충원률)
장학금 (지급률 / 지급율)
피난 (행렬 / 행열)
(치열 / 치렬)이 고르다.

받침이 있는 말 다음에는 '률, 렬'로 적고 'ㄴ' 받침이나 모음 뒤에서는 '율, 열'로 적는다. 국어에서 두음 법칙은 어두에만 적용되고 제2음절 이하에서는 적용되지 않는 것이 원칙이다. 그러나 위의 '률'과 '렬'은 이러한 두음 법칙의 예외라고 할 수 있다. 제2음절 이하에 쓰일 때 모음이나 'ㄴ' 받침 뒤에 이어지는 '률, 렬'은 '열, 율'로 적는다.

(9) 아니꼬와 / 아니꼬워

참 (아니꼬와서/아니꼬워서) 더 두고 볼 수가 없다.

우리말의 어간 중 'ㅂ'으로 끝나는 용언 중에는 '-아서/어서', '-으면'과 같이 모음으로 시작하는 어미와 결합할 때 어간 'ㅂ'이 '오'나 '우'로 변하는 'ㅂ' 불규칙 용언이 있다. 이 중 '돕다'와 '곱다'를 제외한 모든 'ㅂ' 불규칙 용언은 '우'로 변한다.

(10) 채/체

옷을 입은 (채/체) 잠이 들었다.
너무 잘난 (채/체)하는 친구가 얄미웠다

'채'와 '체'는 서로 발음이 같아 소리로 구별하기 힘들다. '채'는 '그러한 사태를 유지하면서'의 뜻으로 주로 '-은 채'와 같이 관형사형 어미 다음에 쓰인다. '체'는 '그럴듯하게 꾸미는 거짓 태도나 모양'을 뜻하는 '척'과 비슷한 말로 '-은/는 체'의 형식으로 사용된다.
'전부', '그대로'의 의미를 나타내는 접미사 '-째'와도 구분하여야 한다.

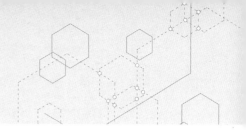

땅콩을 (껍질체/껍질째) 먹는 사람도 있다.
노릇하게 구운 전어를 (통체로/통째로) 먹었다.

2) 어법에 맞게 생각하지 못하는 경우

(1) 거친 / 거칠은

너의 (거친/거칠은) 말투

동사의 기본형을 생각하는 것이 좋다. '거친' 혹은 '거칠은'의 기본형은 '거칠다'이다. 우리말 중 'ㄹ' 받침을 가진 동사나 형용사에 관형사형 어미 '-(으)ㄴ'이 연결되는 경우에는 기본형의 'ㄹ'이 탈락하는 것이 원칙이다. 그러므로 '거칠-+-은'은 '거친'으로 변화하는 것이 옳다. 기본형이 'ㄹ' 받침으로 끝나는 다른 단어를 떠올리면 쉽게 알 수 있다.

힘차게 하늘을 (나는/날으는) 비행기
기저귀를 (빠는 / 빨으는) 엄마
(녹슨/녹슬은) 철조망
양파를 (써는 / 썰으는) 솜씨

(2) 눈곱 / 눈꼽

'눈곱'이 옳다. /눈꼽/으로 소리나기 때문에 혼동하지만 '눈곱'은 '눈'과 기름을 나타내는 '곱'이 결합된 말이다. 그러므로 그 어원을 밝혀 '눈곱'으로 적는다. '눈살'도 /눈쌀/로 소리나지만 '눈살'로 적는다.
이처럼 두 단어가 합쳐져서 합성어가 될 때 앞 말의 끝소리가 울림소리 (모음 전체와 자음 중 ㄴ, ㄹ, ㅁ, ㅇ)이고 뒷말의 첫소리가 예사소리(ㄱ, ㄷ, ㅂ, ㅅ, ㅈ)가 된소리로 바뀌는 현상을 사잇소리 현상이라고 한다.

문고리, 눈동자, 산새

(3) 늘이다 / 늘리다

'늘이다'와 '늘리다'는 모두 동사 '늘다'에 접사 '-이'와 '-리'를 결합하여 만든 단어로 그 의미가 서로 다르다. '늘이다'는 '힘을 가해서 본디의 길이보다 더 길어지게 하다'의 의미이며 '늘리다'는 '크게 하거나 많게 하다'의 의미이다. 그러므로 문맥의 의미에 맞게 구분하여 사용해야 한다.

고무줄을 늘이다, 용수철을 늘이다.
재산을 늘리다, 실력을 늘리다.

(4) 있음 / 있슴

두 단어 모두 발음은 /읻씀/으로 동일하다. 그러므로 어법을 생각해봐야 한다. 한국어에서 동사를 명사형으로 바뀌는 방법 중 동사의 어간에 '-(으)ㅁ'을 결합하는 방법이 있다. 어간의 받침 유무에 따라 '가다-감', '먹다-먹음'과 같이 결합한다. '있다'와 '없다'의 어간은 각각 '있-'과 '없-'이다. 그러므로 '-음'을 결합하여 '있음'과 '없음'으로 표기하는 것이 옳다.

과거 한글 맞춤법에서 동사에 따라 격식체 종결어미 '-습니다'와 '-읍니다'를 구별하여 표기한 적이 있었다. 그러던 것이 1988년에 개정된 한글 맞춤법에 따라 종결어미가 '-습니다'로 통일되었다. 과거의 습관으로 혼동하는 경우이다.

(5) 삶/살음

(삶/살음)과 죽음
서울에서 10년간 (삶/살음)

첫 번째 문장을 혼동하는 경우는 거의 없으나 두 번째 문장은 자주 혼동하는 것이다. 위에서 언급한 바와 같이 국어에서 명사형을 만들 때에는 동사의 어간에 '-(으)ㅁ'을 결합하는 방법이 있다. 어간의 받침 유무에 따라 '가다-감', '먹다-먹음'과 같이 결합한다. 그런데 받침이 'ㄹ'로 끝난 동사의 경우 '-음'이 아닌 'ㅁ'만 결합한다.

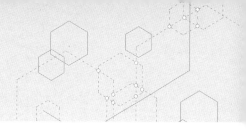

(6) 설렘 / 설레임

누군가를 사랑하는 것은 가슴 (설레는 / 설레이는) 일이다.

"마음이 가라앉지 아니하고 들떠서 두근거리다."라는 뜻을 나타내는 말의 표준어는 '설레다'이다. 명사형은 '설레다'의 어간 '설레-' 뒤에 어미 '-ㅁ'이 붙으면, '설렘'의 형태로 활용한다. '설레임'은 '설레이다'가 활용한 형태인데, '설레이다'가 표준어는 아니다. '설레다'를 표준어로 삼은 것은, 발음이 비슷한 형태 여럿이 아무런 의미 차이가 없이 함께 쓰일 때에는, 그 중 널리 쓰이는 한 가지 형태만을 표준어로 삼도록 규정한 '표준어 규정' 제2장 제4절 제17항과 관련이 있다.

'목메다'를 '목메이다'로, 날씨가 '개다'를 '개이다'와 같이 사용하는 것들이 유사한 예이다.
'헤매다/헤매이다', '걷어채다/걷어채이다', '패다/패이다'

(7) 박이 / 배기

오이소박이 / 오이소배기
차돌박이 / 차돌배기
한 살박이 / 한 살배기

동사의 의미를 생각해야 한다. '박다'의 의미가 살아 있는 경우에는 '-박이'로 표현한다. 오이소박이는 오이를 갈라 소를 박은 김치로 '박다'와 의미적으로 밀접한 관련이 있어 '-박이'로 한다. 차돌처럼 단단한 것이 박혀 있다는 뜻의 '차돌박이' 등도 '박다'의 의미와 관련이 있어 모두 '-박이'가 된다.
이와는 달리 '한 살배기', '두 살배기'에서처럼 어린아이의 나이 뒤에 붙어 그 나이를 먹은 아이를 뜻하거나 '그것이 들어 있는 것'을 뜻할 때에는 '-박이'가 아니라 '-배기'를 사용한다.

점박이/점배기
알박이/알배기

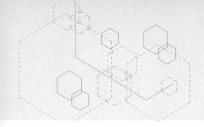

(8) 들르다 / 들리다

친구 집에 잠시 (들렀다/들렸다) 와라.
큰 집에 (들른 지/들린 지) 한참 되었다.

'들리다'와 '들르다'는 서로 의미가 다른 동사이다. '지나가는 길에 잠깐 들어가 머무르다.'의 의미를 가진 동사는 '들르다'이다. 어간이 '_'로 끝나는 동사가 과거시제 선어말어미 '-았/었'과 결합하는 경우 '쓰다'가 '썼다'가 되는 것처럼 '들르다'는 '들렀다'로 변한다. 관형사형 어미와 결합하는 경우에도 동일하다.

(9) 맞히다 / 맞추다

정답을 알아 (맞혀/맞춰) 보세요
대학생이 되자 어머니는 양복을 (맞혀/맞춰) 주셨다.

'맞혀'와 '맞춰'는 발음이 /마쳐/와 /맏춰/로 서로 다르다. 두 단어는 서로 의미가 다른 단어로 의미에 맞게 사용해야 한다. '맞추다'는 '기준이나 다른 것과 같게 하다', '다른 대상과 견주어 본다'는 의미이고, '맞히다'는 '여럿 중에서 하나를 골라내다'는 의미이다.

시험이 끝나자 아이들은 서로의 답안지를 (맞혀 / 맞춰) 보았다.

(10) 벌이다 / 벌리다

진열대에 물건을 (벌여/벌려) 놓았다.
온 동네에 잔치를 (벌였다/벌렸다).

'벌이다'와 '벌리다'는 서로 의미가 다른 동사이다. '벌이다'는 '일을 계획하여 시작하거나 펼쳐 놓다'는 뜻이고, '벌리다'는 '사이를 넓히거나 연다'는 뜻이다.

논쟁을 (벌이다/벌리다)

(11) 삼가다 / 삼가하다

지나친 음주 행위를 (삼가 / 삼가해) 주시기 바랍니다.

우리가 흔히 금지의 의미로 사용하는 '삼가하다'는 '삼가다'를 잘못 쓴 것이다. '삼가다'는 그 자체가 동사로 '몸가짐이나 언행을 조심하다'라는 뜻이다. "말을 삼가다"와 같이 사용하며 '술과 담배를 삼가다'와 같이 '꺼리는 마음으로 양(量)이나 횟수가 지나치지 아니하도록 하다'라는 뜻도 있다.

(12) 잖다 / 찮다, 건대 / 컨대

(넉넉잖은 / 넉넉찮은) 벌이로 네 식구가 살았다.
(생각건대 / 생각컨대) 이보다 더 좋을 수는 없다.

'-하다'로 끝나는 동사와 '-지 않다'나 '-건대', '-지'가 결합하는 경우에는 앞의 받침에 따라 축약형이 다르게 나타난다. 앞의 받침이 'ㄱ, ㄷ, ㅂ'로 소리가 날 경우에는 '하'가 통째로 줄고 그 외의 소리일 경우에는 'ㅏ'만 줄고 'ㅎ'이 남아 다음 음절의 첫소리가 거센소리가 된다.

(청컨대/청건대) 다시 한 번만 살펴봐 주십시오,
아! 하늘도 (무심치/무심지).

(13) 썩이다/ 썩히다

누굴 닮아 이렇게 엄마 속을 (썩이니/썩히니)?

'썩이다'와 '썩히다'는 일반적으로 '부패하다'는 의미를 가진 '썩다'에 접미사 '-이-'와 '-히-'가 결합된 것으로 그 의미가 서로 다르다. '썩이다'는 '걱정이나 근심으로 몹시 괴로운 상태가 되게 한다'는 의미를 가진 것으로 항상 '속을 썩이다'와 같은 형식으로 사용한다.

(14) 안 / 않

이제 다시는 술을 (안/않) 먹는다.
그 일은 내가 하지 (안았다니까/않았다니까).

'안'과 '않'은 서로 그 발음이 같아서 혼동하는 예이다. 그런데 '안'은 '아니'의 준말로 품사가 부사이고 , '않'은 '아니하-'의 준말로 품사가 동사이다. 즉 '안'은 그 뒤에 다른 용언이 결합하여 나타나고 '않'은 문장의 서술어로 주로 '-지 않-'의 구성으로 나타난다. 이 둘을 구별하기 가장 쉬운 방법은 각기 준말로 바꾸어 말해 보는 것이다. '이제 다시는 술을 아니 먹는다'(○), '이제 다시는 술을 아니하 먹는다'(X)

(안/않) 만날거니?
아직도 오지 (안았어/않았어)?

(15) 알맞은 / 알맞는

윗 문장을 읽고 빈 칸에 (알맞은/알맞는) 단어를 고르시오.

'알맞은'과 '알맞는'은 발음이 각기 /알마즌/과 /알만는/으로 서로 다르게 발음된다. 그런데 이를 혼동하는 이유는 국어의 관형사형 어미에 대해 정확히 모르기 때문이다. 국어의 관형사형 어미는 용언의 품사에 따라 서로 다르게 결합한다. 동사는 각기 시제에 따라 '-(으)ㄴ, 는, -(으)ㄹ'이 결합하고, 형용사는 시제와 상관없이 '-(으)ㄴ'이 결합한다. 동사와 결합하는 과제시제의 관형사형 어미와 형용사와 결합하는 관형사형 어미의 형태가 동일하여 혼동하는 경우가 있으나 형용사에는 '-(으)ㄴ'만 결합할 수 있다.

(16) 예부터 / 옛부터

(예부터/옛부터) 전해 오는 미풍양속

그 마을은 (예스러운/옛스러운) 멋이 있다.

'옛'은 '지나간 때의'의 의미를 지닌 관형사로 '옛+날'과 같이 명사와 결합한다. '예'는 '아주 먼 과거'를 나타내는 명사이다. '-부터'나 '-스럽다'는 각기 조사와 접미사로 명사와 같은 체언에 결합한다. 특히 '-스럽다'의 경우 '자랑+스럽다', 사랑+스럽다', '어른+스럽다'와 같이 명사와 결합하여 '그러한 성질이 있음'의 뜻을 더하고 명사를 형용사로 만드는 접미사이다.

MEMO

사진	이 력 서			
	성 명		주민등록번호	
	생년월일	년 월 일		
주 소			이메일:	
연 락 처	전화:		휴대전화:	

기 간	학 력 사 항	비 고

기 간	경 력 사 항	비 고

기 간	자 격 사 항	비 고

기 간	상훈	비 고
	위 내용은 사실과 다름 없음	
	년 월 일	
	성명 (인)	

자기소개서

위 내용은 진실만을 충실하게 작성하였음을 고지합니다.

년   월   일

작성자 성명   (서명 또는 날인)